LA IMAGEN DESCARTADA

LA IMAGEN DESCARTADA

Introducción a la literatura medieval y renacentista

C. S. Lewis

Traducción de Carlos Manzano

Antoni Bosch editor

Antoni Bosch editor, S.A.U.
Manacor, 3, 08023, Barcelona
Tel. (+34) 93 206 07 30
info@antonibosch.com
www.antonibosch.com

This translation of *The Discarded Image. An Introduction to Medieval and Renaissance Literature* is published by arrangement with Cambridge University Press.

© Cambridge University Press 1964, 2013
© de la traducción: Carlos Manzano
© de esta edición: Antoni Bosch editor, S.A.U.

ISBN: 978-84-122443-7-3
Depósito legal: B. 3974-2022

Diseño de la cubierta: Compañía
Maquetación: JesMart
Impresión: Prodigitalk

Impreso en España
Printed in Spain

FSC
www.fsc.org
MIXTO
Papel | Apoyando
la selvicultura
responsable
FSC® C159131

Para Roger Lancelyn Green

Índice

Prólogo

Salgamos al campo una noche estrellada y caminemos durante media hora. Miremos el cielo y sus estrellas. Si pensamos que lo que estamos viendo es lo mismo que debía ver un hombre del pasado, por ejemplo un hombre medieval, nos equivocaremos absolutamente. Es este paseo nocturno lo que nos propone C. S. Lewis en uno de los capítulos más apasionantes (V. «Los cielos») de este libro que aquí se reedita. Al menos eso pensó Hans Robert Jauss cuando escribió unas de las páginas más importantes que se han escrito en crítica literaria en el siglo pasado, en las que advertía que toda comprensión de la literatura del pasado, concretamente la medieval, debía pasar por la conciencia de alteridad, es decir, por la conciencia de que lo que se nos está contando no tiene nada que ver con nuestro mundo (*Alteridad y modernidad en la literatura medieval*, 1977). Entre los autores que considera precedentes claros de este proceso hermenéutico, que atravesando el desierto de 'lo otro' debe conducir al placer estético, Jauss citaba a Paul Zumthor y su restauración de la oralidad, a Robert Guiette y su valoración del formalismo y la variante, a Eugène Vinaver, Alfred Adler, y sobre todo, a C. S. Lewis, porque este libro constituye uno de los mejores esfuerzos por establecer las distancias entre la mirada medieval y la moderna, colocando en un primer plano esa alteridad que Jauss entendió imprescindible en el acto de lectura. Ya Hans Georg Gadamer, en *Verdad y método* (1960) –obra de la que parte la estética de la recepción– había puesto el acento en la alteridad al dar entrada al concepto de 'formación' (*Bildung*), clave en las 'ciencias del espíritu', pues toda formación implica –decía Gadamer– el desprendimiento de lo propio y lo familiar, para abrirse a lo extraño, a la alteridad en definitiva, siendo el retorno solo posible después de haber pasado por ella. Pero volvamos al paseo nocturno al que nos invita C. S. Lewis, aunque antes se impone una breve presentación de este autor que justamente no se hizo famoso por este libro sino por sus célebres *Crónicas de Narnia* (1950-1957).

Clive Staples Lewis (Belfast 1898-Oxford 1963), más conocido simplemente como C. S. Lewis, inició su escritura académica con un libro sobre el amor, publicado tres años antes, en 1936, que el otro gran libro del amor, el de Denis de Rougemont. *The Allegory of Love*, a diferencia de *L'amour en Occident*, no abre un amplio panorama histórico sino que se centra en la Edad Media, desde los trovadores al *Roman de la Rose*, y constituye una de las mejores aportaciones a la comprensión de la alegoría como expresión de las pasiones de la interioridad, de los vicios y las virtudes. En su autobiografía, cuyo tema central fue su conversión al cristianismo (*Surprised by Joy*, 1955, *Cautivado por la alegría*, 2002) –otro de los grandes temas de Lewis–, se puede asistir a su descubrimiento del universo literario, especialmente medieval, alentado por la 'pasión nórdica' (desde los *Edda* hasta Wagner), pero también de la literatura clásica, traduciendo a Homero, la tragedia griega, los autores latinos, la literatura inglesa, en especial, Spenser, Milton, Chesterton y un larguísimo etcétera. Si la inmersión en la lectura por parte de Lewis niño y joven nos despliega un vastísimo mundo literario, lo más interesante consiste en ver cómo se inició y se desarrolló su experiencia estética, de una intensidad extraordinaria, hasta el punto de que el mundo de lo real quedó durante toda una época completamente eclipsado por una imaginación avivada por la lectura y también por una escritura incipiente. Fue en Oxford, recién nombrado profesor, cuando en 1926 conoció a Tolkien, de quien inmediatamente se hizo amigo, tal era la convergencia de intereses y pasiones. «Al entrar por primera vez en el mundo me habían advertido (implícitamente) que no confiara nunca en un papista, y al entrar por primera vez en la facultad (explícitamente) que no confiara nunca en un filólogo. Tolkien era ambas cosas», cuenta en su autobiografía. *The discarded image* (1964) fue su último libro y es aquí donde se concentra y se combina una esplendorosa imaginación con el conocimiento profundo, preciso y riguroso de las obras que le servirán para construir lo que él denomina el *Modelo*, término que toma de las ciencias

(p. 195), advirtiendo ya en las primeras páginas que «Describir el universo imaginado que generalmente presuponen el arte y la literatura medievales no es lo mismo que escribir una historia general de la sociedad y la filosofía medievales» (p. 27). En efecto, no es lo mismo. Lo que hace C. S. Lewis en este libro es realmente sorprendente, porque de lo que se trata es de colocar junto a la *Summa* de santo Tomás y la *Commedia* de Dante, justamente el *Modelo del universo*, es decir, un modelo mental único y armonioso tal y como existió entre los poetas y los artistas de la época, no entre los teólogos y los espirituales, los auténticos 'profesionales' del asunto, inmersos siempre en controversias y discusiones sin fin. Fue ese, según Jauss, «el descubrimiento más importante de C. S. Lewis», eso es haber comprendido «que el lugar que ocupa el hombre en el universo está definido de modo diferente, por un lado, por la doctrina teológica y, por otro, por la cosmología del mundo». Esa distinción es el fundamento de su libro y es a partir de ella por lo que es posible hablar de un «Modelo mental único y armonioso». Es ese término, 'Modelo', el que podría haber dado título al libro. Pero prefirió el de 'imagen' (*image*), también un término que aparece con frecuencia en su obra –por ejemplo, en su autobiografía habla de su 'imagen nueva' y de su destrucción–, deseando asimismo que ya de entrada se entienda que esa 'imagen' había sido ya borrada, cancelada (p. 113), efectivamente 'descartada' (*discarded*) aunque no emplee este participio a lo largo de todo el libro. El Modelo o imagen que Lewis reconstruye a partir de unas fuentes, paganas y cristianas, es algo que pertenece al pasado, irremediablemente perdido, pudiéndose percibir a través de las páginas de este libro esa nostalgia lacerante que emerge en toda obra épica, en este caso en un ensayo. Lewis ordena las fuentes sobre las que se construyó el Modelo en dos grandes épocas: la antigüedad (*El sueño de Escipión* de Cicerón, Lucano, Estacio, Apuleyo) y el período de transición de la antigüedad a la Edad Media que tan fructífero habría de ser para la cultura medieval, es decir, desde Plotino (desde el año 205 de su nacimiento) hasta el Pseudo-Dionisio (hasta el año 533, su primera referencia fechable), con Calcidio, Macrobio, Boecio. Después del análisis de estas fuentes, llegamos al capítulo V referido a 'Los cielos', donde Lewis nos invita a mirar el cielo estrellado y no permite que nos confundamos: no estamos viendo lo mismo que el hombre medieval. A partir de la reconstrucción de lo que Jauss llamó el «horizonte de expectativas»,

Lewis nos advierte que el hombre medieval al mirar el cielo estrellado no concibe un universo ni oscuro ni silencioso, pues esa primera
oscuridad es solo «el cono de sombra producida por nuestra Tierra»
(Dante, Paraíso IX, 118), una esfera, según el sistema ptolomaico, en
el centro de otra esfera mucho mayor que contiene los siete planetas
por encima de la Tierra (Luna, Mercurio, Venus, Sol, Marte, Júpiter,
Saturno) seguida del *stellatum* (las estrellas), seguido a su vez del
Primum mobile. Pero más allá de ese cono o 'baldaquín circular' como
lo llamaba Milton, no hay noche, y la mirada transcurría a través de
ella sin ir hacia ella. «Así como este vasto (aunque finito) espacio no
es oscuro, así tampoco está en silencio» (p. 107). De modo que no
hay aquí ningún espanto por *«le silence éternel de ces espaces infinis»* del
que hablaba Pascal, sino «un mundo iluminado, vivo y resonante de
música». Lewis contrapone las dos miradas, la medieval y la moderna,
a ese cielo estrellado, y las distingue así: «A eso se debe que mirar el
cielo en una noche estrellada con ojos modernos sea como mirar el
mar que se desvanece en la niebla o mirar a nuestro alrededor de un
bosque impracticable: árboles por todos lados y sin horizontes. Mirar
hacia arriba en el soberbio universo medieval es mucho más como
mirar un gran edificio [más adelante, dirá 'como una inmensa catedral']. El 'espacio de la astronomía moderna puede inspirar terror
o asombro o vago ensueño; las esferas de los antiguos nos presentan
un objeto en el que la mente pueda descansar, abrumador por sus
dimensiones, pero satisfactorio por su armonía.» (p. 97). El libro,
además de plantear esta original propuesta, es una 'introducción a
la literatura medieval y renacentista' y, desde esa perspectiva, puede
compararse con otros estudios literarios de la calidad e innovación
de un Ernst Robert Curtius (*Literatura europea y Edad Media latina*,
1948) o de un Erich Auerbach (*Mímesis*, 1946), ambos citados por
Lewis. «Medieval y renacentista» porque son autores renacentistas los
que le confirman la existencia del Modelo y su supervivencia. Podemos preguntar a C. S. Lewis qué es lo que determina el final de un
modelo y su sustitución por otro. Su respuesta es contundente y define claramente su postura y lógica de pensamiento. Responde en el
Epílogo diciendo: «No hay motivo alguno en este caso para hablar
de que el antiguo Modelo estalló en pedazos con la irrupción de los
nuevos fenómenos. La verdad parece ser lo contrario: que, cuando
los cambios de la mente humana producen suficiente desagrado por

el antiguo Modelo y suficiente anhelo de otro nuevo, los fenómenos que hayan de apoyar al nuevo aparecerán oportunamente. No quiero decir en absoluto que esos nuevos fenómenos sean ilusorios. La naturaleza dispone de toda clase de fenómenos almacenados y puede satisfacer muchos gustos diferentes.» (p. 197). Hay que apreciar el tono de las dos últimas frases para comprender en su justa medida lo que Lewis quiso exponer en este libro.

Victoria Cirlot
Barcelona, agosto de 2021

Prefacio

Este libro se basa en un curso de conferencias pronunciadas en Oxford en diferentes ocasiones. Algunos de quienes asistieron a ellas han expresado el deseo de que su sustancia recibiera una forma más permanente.

No voy a alardear de que contenga muchas cosas que un lector no habría podido descubrir por sí mismo, si, cada vez que hubiera encontrado un pasaje de difícil comprensión en los libros antiguos, hubiese recurrido a los comentarios, a los manuales, a las enciclopedias y a otras ayudas por el estilo. Pensé que valía la pena pronunciar las conferencias y escribir el libro, porque ese método de averiguación me parece –y así parece también a otros– bastante insatisfactorio. Entre otras razones, porque acudimos a las ayudas solamente cuando los pasajes difíciles lo son de forma manifiesta. Pero existen pasajes traicioneros que no nos remiten a las notas. Parecen fáciles, pero no lo son. Además, frecuentes investigaciones *ad hoc* perjudican desgraciadamente la capacidad de asimilación de la lectura, de forma que las personas sensibles pueden llegar a considerar la erudición como algo funesto que siempre le lleva a uno fuera de la literatura propiamente dicha. Mi esperanza residía en que, si el lector dispusiera previamente de un utillaje (muy incompleto, desde luego) que no le resultase difícil de dominar y que lo acompañara a lo largo de la lectura, dicho utillaje podría ayudarle a entrar en la literatura. El hecho de mirar constantemente un mapa, cuando aparece una bella vista, perturba la «adecuada pasividad» con que debe disfrutarse el paisaje. En cambio, el de consultar un mapa antes de ponerse en camino carece de esa consecuencia negativa. En realidad, nos llevará hasta muchas vistas, entre ellas algunas que nunca habríamos encontrado por nuestra cuenta.

Ya sé que hay quienes prefieren no profundizar la impresión, por accidental que sea, que una obra antigua produce en la mente que la considera con sensibilidad y concepciones exclusivamente modernas; como también existen viajeros ingleses que llevan su resuelto nacionalismo por toda Europa, solamente se relacionan con otros turistas ingleses, disfrutan de lo que ven exclusivamente por su «pintoresquismo» y no desean comprender lo que esas formas de vida, esas iglesias, esos viñedos significan para los autóctonos: tienen merecido su castigo.

No tengo nada que discutir con quienes enfocan el pasado con esa mentalidad. Espero que no me busquen pendencia. Pues he escrito para los otros.

1
La situación medieval

The likeness of unlike things.[1]

MULCASTER

El hombre medieval compartía muchas ignorancias con el primitivo y muchas de sus creencias pueden sugerir a un antropólogo paralelismos con las de este. Pero, en general, no había llegado a dichas creencias por el mismo camino que el primitivo.

Se considera que las creencias de los hombres primitivos son la reacción espontánea de un grupo humano frente a su entorno, reacción que es obra de la imaginación principalmente. Constituyen ejemplos de lo que algunos autores llaman pensamiento prelógico. Van íntimamente unidas a la vida comunitaria del grupo. Lo que nosotros denominaríamos operaciones políticas, militares y agrícolas no son fáciles de distinguir de las rituales; los ritos y las creencias se engendran y apoyan mutuamente. El pensamiento medieval más característico no surgió de esa forma.

A veces, cuando una comunidad es relativamente homogénea y conoce relativamente pocas perturbaciones durante un largo período de tiempo, un sistema de creencias de ese tipo puede prolongarse (con cierta evolución, naturalmente) mucho tiempo después de que la cultura material haya progresado hasta rebasar el nivel del primitivismo. Entonces puede convertirse en algo más ético, más filosófico, más científico incluso; pero seguirá existiendo una continuidad ininterrumpida entre esto último y sus comienzos primitivos. Al parecer, algo así ocurrió en Egipto.[2] También de esto difiere la historia del pensamiento medieval.

---

[1] «La semejanza de las cosas disímiles.»
[2] Véase Befare Phiwsophy, J. A. Wilson, etc. (1949).

Podemos mostrar la singularidad de la Edad Media mediante dos ejemplos.

Entre 1160 y 1207 un sacerdote inglés llamado Layamon escribió un poema titulado *Brut*[3] En él (v. 15 775 y ss.) nos dice que en el aire habitan muchos seres, unos buenos y otros malos, que vivirán en él hasta el fin del mundo. La sustancia de esa creencia no difiere de otras que podríamos encontrar en el mundo primitivo. Un rasgo característico de la reacción primitiva es el de poblar la naturaleza, especialmente sus partes menos accesibles, con espíritus, unos favorables y otros hostiles. Pero Layamon no escribía aquello porque compartiese reacción comunitaria y espontánea alguna del grupo social en que vivía. La historia real de ese pasaje es muy diferente. Tomó su relación de los demonios aéreos del poeta normando Wace (c. 1155). Wace la tomó de la *Historia Regum Britanniae* de Geoffrey de Mommouth (antes de 1139). Geoffrey la tomó de *De Deo Socratis* de Apuleyo, obra del siglo II. Apuleyo reprodujo la pneumatología de Platón. Platón había modificado, para apoyar la ética y el monoteísmo, la mitología que había recibido de sus antepasados. Si nos remontamos en el tiempo a través de muchas generaciones de antepasados, al final podemos encontrar, o por lo menos conjeturar, una época en que dicha mitología estaba apareciendo de la forma que suponemos primitiva. Pero el poeta inglés no sabía nada de eso. Estaba más alejado de ello que nosotros. Creía en aquellos demonios porque había leído cosas sobre ellos en un libro; de igual forma que muchos de nosotros creemos en el sistema solar o en las descripciones que del hombre primitivo hacen los antropólogos. La desaparición del analfabetismo y el contacto con otras culturas contribuyen a la eliminación de las creencias primitivas; precisamente esos factores eran los que habían producido la creencia de Layamon.

Quizá mi segundo ejemplo sea más interesante. En la obra del siglo XIV *Pèlerinage de l'Homme* de Guillaume Deguileville, la Naturaleza (personificada), dirigiéndose a un personaje llamado Grâcedieu ('Gracia de Dios'), dice que la frontera entre sus dominios es la órbita de la Luna.[4] Sería fácil suponer que esa afirmación procede directamente de la mitopeya primitiva, la cual divide el cielo en una región

---

[3] Ed. F. Madden, 3 vols. (1847).

[4] En la traducción de Lydgate (E.E.T.S. ed. F. J. Furnivall, 1899), 3 415 y siguientes.

alta poblada por los espíritus superiores y otra baja poblada por los espíritus inferiores. La Luna sería una linde espectacular entre ellos. Pero, en realidad, los orígenes de dicho pasaje tienen muy poco que ver con la religión primitiva ni con la civilizada siquiera. Al llamar al *numen* superior Grâcedieu, el poeta ha intercalado en la obra un elemento cristiano; pero se trata de una simple «capa» sobre una tela que no es cristiana, sino aristotélica.

Aristóteles, por estar interesado tanto por la biología como por la astronomía, se vio ante un contraste evidente. El mundo en que los hombres habitamos se caracteriza por el cambio incesante a través del nacimiento, el crecimiento, la procreación, la decadencia y la muerte. Y dentro de dicho mundo los métodos experimentales que se habían conseguido en su tiempo solamente descubrían una uniformidad imperfecta. Los fenómenos se producían de la misma forma, pero no perfecta o invariablemente, sino «en conjunto» o «en su mayor parte».[5] Pero el mundo estudiado por la astronomía parecía completamente diferente. Todavía no se había observado ninguna nova.[6] Hasta donde llegaba su conocimiento, los cuerpos celestes eran permanentes; ni nacían ni morían. Y cuanto más se los estudiaba, más (perfectamente) regulares parecían sus movimientos. De forma que, aparentemente, el universo estaba dividido en dos regiones. A la región más baja, la del cambio y la irregularidad, la llamó «naturaleza» (φύσις). A la más alta la llamó «cielo» (οὐρανός). De esa forma, pudo hablar de «la naturaleza y el cielo» como de dos cosas diferentes.[7] Pero un fenómeno en constante cambio, el tiempo, revelaba claramente que el dominio de la inconstante naturaleza se extendía cierto trecho por encima de la superficie de la Tierra. El «cielo» debía empezar más arriba.

Parecía razonable suponer que regiones que diferían en cualquier detalle observable estuviesen también compuestas de materias diferentes. La naturaleza se componía de los cuatro elementos: tierra, agua, fuego y aire. Por tanto, el aire (y con el aire la naturaleza y con

---

[5] De *Gen. Animalium*, 778 a; *Polit.*, 1.255 b.

[6] Según una tradición, Hiparco (fi. 150 a.C.) detectó una (véase Plinio, *Hist. Nat.*, II, xxiv). La gran nova en Casiopea de noviembre de 1572 fue un acontecimiento de la mayor importancia para la historia del pensamiento (véase F. R. Johnson, *Astronomical Thought in Renaissance England*, Baltimore, 1937, página 154).

[7] *Metafísica*, 1.072 b. Cfr. Dante, *Paradiso*, XXVIII, 42.

esta la inestabilidad) tenía que acabar antes de que empezara el cielo. Por encima del aire, ya en el cielo, había una sustancia diferente a la que llamó *éter*. De esa forma, «el éter contiene a los cuerpos divinos, pero por debajo inmediatamente de la naturaleza divina y mutable viene lo mutable, perecedero y condenado a morir».[8] Mediante la palabra divina Aristóteles introduce un elemento religioso; y la colocación de la frontera fundamental (la que separa el cielo de la naturaleza, el éter del aire) en la órbita de la Luna es un detalle menor. Pero el concepto de dicha frontera parece responder a una necesidad científica más que religiosa. Esa es, en última instancia, la fuente del pasaje de la obra de Deguileville.

Lo que ambos ejemplos ilustran es el carácter absolutamente libresco o erudito de la cultura medieval. Cuando decimos que la Edad Media es la época de la autoridad, solemos referirnos a la autoridad de la Iglesia. Pero fue la época no solo de la autoridad de esta última, sino también de las autoridades. Si consideramos la cultura como la respuesta al entorno, entonces los elementos de este a que respondió con mayor intensidad fueron los manuscritos. Todo escritor, en caso de que pueda hacerlo de alguna manera, se basa en un escritor antiguo, sigue a un *auctour*: preferentemente latino. Esa es una de las características que diferencian aquel período histórico casi tanto del mundo primitivo como de la civilización moderna. Los miembros de una comunidad primitiva absorben su cultura, en parte inconscientemente, mediante la participación en la norma inmemorial de comportamiento, y en parte mediante la tradición oral conservada por los más viejos de la tribu. En nuestra sociedad la mayoría del conocimiento depende, en última instancia, de la observación. Pero la Edad Media dependía predominantemente de los libros. Aunque las personas con cultura eran mucho más raras que ahora, en cierto modo la lectura era un ingrediente más importante de la cultura en conjunto.

No obstante, hay que hacer una salvedad con respecto a esta afirmación. La Edad Media tenía raíces en el norte y oeste «bárbaros», así como en la tradición grecorromana que le llegó principalmente a través de los libros. He colocado la palabra «bárbaros» entre comillas, porque, en caso contrario, podría prestarse a confusiones. Podría su-

---

[8] *De Mundo*, 392ª. Que este ensayo sea obra de Aristóteles o simplemente de la escuela aristotélica carece de importancia para el objeto de este libro.

gerir una diferencia en raza, artes y capacidad natural mucho mayor de la que realmente existió en la Antigüedad entre los ciudadanos romanos y los que presionaban contra las fronteras del imperio. Mucho antes de que el imperio se derrumbara, la ciudadanía había dejado de tener relación alguna con la raza. A lo largo de su historia, sus vecinos germánicos y (más aún) celtas, aunque en un tiempo habían resultado conquistados o habían sido aliados, al parecer no oponían resistencia a la asimilación de su civilización ni encontraban dificultad para ello. Se los podía vestir con togas y enviarlos a clases de retórica al instante. No se parecían en nada a hotentotes tocados con sombreros hongos y fingiéndose europeos. La asimilación era real y muchas veces permanente. En el plazo de unas pocas generaciones podían empezar a producir poetas, juristas, generales romanos. Su diferencia con respecto a los miembros anteriores del mundo grecorromano no era mayor que la diferencia de cráneo, facciones, complexión o inteligencia que existía entre estos últimos.

La contribución de los bárbaros (de la forma en que hemos convenido en entender esta palabra) a la Edad Media recibirá una valoración diferente de acuerdo con el punto de vista desde el cual los estudiemos. Por lo que se refiere al derecho, las costumbres y la configuración general de la sociedad, los elementos bárbaros pueden ser los más importantes. Lo mismo podemos decir, en cierto sentido, con respecto a un arte en particular en algunos países. Nada puede ser más esencial en una literatura que la lengua que emplea. Una lengua tiene su propia personalidad; supone un punto de vista, revela una actividad mental y tiene una resonancia que no son exactamente los mismos que los de otras. No solo el vocabulario —*heaven* nunca puede significar exactamente lo mismo que *cielo*—, sino también la propia configuración sintáctica es *sui generis*. De ahí que la deuda de las literaturas medieval (y moderna) de los países germánicos, incluida Inglaterra, con respecto a su origen bárbaro sea omnipresente. En otros países, donde las lenguas celtas y las de los invasores germánicos resultaron anuladas por el latín, la situación es completamente diferente. En la literatura inglesa de la Edad Media, después de que se hayan hecho todas las referencias necesarias a las influencias francesas y latinas, el tono, el ritmo y la propia connotación emocional de cualquier frase son (en el sentido que estamos dando a esta palabra) de origen bárbaro. Quienes ignoran la relación del inglés con el anglosajón, por considerarlo un «mero hecho filológico» sin importancia para la literatura, revelan una monstruosa insensibilidad con respecto a lo que confiere su carácter específico a la literatura.

Para el estudioso de la cultura en sentido restringido –es decir, del pensamiento, del sentimiento y de la imaginación– los elementos bárbaros pueden ser menos importantes. Aun para este, no hay duda de que no son en absoluto despreciables. Residuos de paganismo no clásico sobreviven en el antiguo escandinavo, en el anglosajón, en el irlandés y en el galés; la mayoría de los especialistas los consideran como substrato de muchos elementos de la literatura artúrica. La poesía amatoria medieval puede tener alguna deuda para con las costumbres bárbaras. Hasta época muy avanzada, las baladas pueden revelar fragmentos de folklore prehistórico (en caso de que no sea eterno). Pero hemos de ver las cosas en proporción. Los antiguos textos escandinavos y celtas eran desconocidos fuera de una zona muy limitada y siguieron siéndolo hasta la época moderna. Los cambios lingüísticos hicieron que el anglosajón pronto resultase ininteligible incluso en Inglaterra. Indudablemente, en las lenguas vernáculas posteriores existen elementos procedentes del antiguo germánico y del antiguo celta. Pero, ¡qué difícil nos resulta encontrarlos! Por cada referencia a Wade o Weland, encontramos cincuenta a Héctor, Eneas, Alejandro o César. Por cada vestigio probable de la religión celta extraído de un libro medieval, encontramos decenas de referencias claras y enfáticas a Marte, a Venus y a Diana. La deuda que los poetas amatorios pueden tener con respecto a los bárbaros es vaga y problemática; su deuda para con los clásicos, o incluso –como ahora descubrimos– para con los árabes es mucho más segura.

Quizá se pueda afirmar que, en realidad, la herencia bárbara no es menor, sino que simplemente es menos ostensible y está más oculta; e incluso que es tanto más influyente, cuanto que está oculta. Eso puede ser cierto por lo que se refiere a los *romans* y a las baladas. Por tanto, hemos de preguntarnos hasta qué punto, o, mejor, en qué sentido, son estos productos medievales característicos. Indudablemente, destacaron más en la representación que de la Edad Media hicieron los siglos XVIII y XIX que en la realidad. Había una razón poderosa para ello. Ariosto, Tasso y Spenser, los descendientes por línea directa de los narradores medievales, siguieron siendo «literatura elegante» hasta la época de Hurd y Warton. El gusto por esa clase de literatura siguió vivo durante la época «metafísica» y neoclásica. A lo largo del mismo período de tiempo las baladas también se conservaron vivas, aunque muchas veces en forma un tanto degenerada. Las niñeras las cantaban a los niños; a veces críticos eminentes las elogiaron. Así, el «renacimiento» medieval del siglo XVIII revivió algo que no estaba del todo muerto. A lo largo de esa línea retrocedimos hasta la literatura medieval, siguiendo hasta su fuente una corriente que pasaba por delante de nuestra puerta. A consecuencia de ello, los *romans* y las baladas colorearon de forma exagerada la idea que los hombres se hacían de la Edad Media. Si exceptuamos a los eruditos, ese fenómeno sigue produciéndose en la actualidad. Cuando la iconografía popular –una ilustración, un chiste en la revista *Punch*– pretende resumir la idea de lo medieval, suele echar mano profusamente de caballeros andantes, castillos, damiselas lánguidas y dragones.

Como suele ocurrir tantas veces, podemos justificar la impresión popular. Hay un aspecto por el que quizá los *romans* y baladas merezcan que se los considere el producto característico o representativo de la Edad Media. Por su difusión y permanencia, han demostrado ser de las cosas más celebradas que aquella nos dejó. Y, aunque en todas partes podemos encontrar composiciones más o menos parecidas, en cuanto a su efecto total son algo único e insustituible. Pero, si lo que queremos decir con el término «característico» es que el tipo de imaginación que encarnan era la ocupación principal, o incluso la más frecuente, de los hombres medievales, estaremos en un error. El carácter fantástico de algunas baladas y el severo y lacónico sentimiento de otras, el misterio, el sentido de lo infinito, la artificiosa reticencia de los mejores *romans* difieren del gusto medieval habitual. Están totalmente ausentes de algunas de las más importantes muestras de la literatura medieval: los Himnos, Chaucer, Villon. Dante puede conducirnos a través de todas las regiones de los muertos sin provocarnos ni una sola vez el *frisson* que nos produce *The Wife of Ushers Well* o *The Chapel Perilous*. Parece como si los romances y ese tipo de baladas hubieran sido en la Edad Media, como han seguido siendo desde entonces, pasatiempos, diversiones, cosas que solo pueden vivir en los márgenes de la mente, cosas cuyo encanto más auténtico se debe a que no están situadas «en el centro» (posición que posiblemente Matthew Arnold sobrevaloró).

En lo que tenía de más característico, el hombre medieval no era un soñador ni un vagabundo. Era un organizador, un compilador, un constructor de sistemas. Necesitaba «un lugar para cada cosa y cada cosa en su sitio exacto». Lo que le deleitaba era la distinción, la definición, la catalogación. Aunque estaba acaparado por actividades turbulentas, igualmente lo estaba por la tendencia a formalizarlas. La guerra se formalizaba (en teoría) mediante el arte de la heráldica y las reglas de caballería; la pasión sexual (en teoría), mediante un elaborado código del amor. La especulación filosófica enormemente elevada y exaltada se comprimía dentro de un rígido modelo dialéctico copiado de Aristóteles. Estudios como el derecho y la teología moral, que exigen la ordenación de detalles muy diferentes, florecieron con especial profusión. Toda posible forma de escribir de un poeta (incluso algunas que mejor habría sido que no hubiese usado) se clasificaba en las artes de la retórica. No había nada que a los medievales gustase más, ni que hicieran mejor, que clasificar y ordenar.

Supongo que de todas nuestras invenciones modernas la que habrían admirado más habría sido el fichero.

Dicha tendencia interviene tanto en lo que a nosotros nos parecen sus pedanterías más tontas como en sus logros más sublimes. En estos últimos vemos la energía exultante, infatigable y tranquila de mentes apasionadas y sistemáticas unificando enormes masas de material heterogéneo. Los ejemplos perfectos son la *Summa* de santo Tomás de Aquino y la *Comedia* de Dante, tan unificadas y ordenadas como el Partenón o el *Edipo Rey*, tan abarrotadas y variopintas como una estación terminal londinense en un día de fiesta.

Pero existe una tercera obra que creo podemos colocar junto a las dos citadas. Se trata de la propia síntesis medieval, la organización total de su teología, ciencia e historia en un Modelo mental único, complejo y armonioso, del universo. La construcción de dicho Modelo estaba condicionada por dos factores que ya he citado: el carácter esencialmente libresco de su cultura y su intenso amor por los sistemas.

Los medievales eran librescos. En verdad, creían los libros a pies juntillas. Les costaba un trabajo enorme creer que algo que un antiguo *auctour* hubiese dicho fuera pura y simplemente falso. Y heredaron una colección de libros muy heterogénea: judíos, paganos, platónicos, aristotélicos, estoicos, cristianos primitivos, patrísticos.

O (de acuerdo con una clasificación diferente) crónicas, poemas épicos, sermones, visiones, tratados filosóficos, sátiras. Evidentemente, sus *auctours* se contradirán. Incluso parecerá que así ocurre con mayor frecuencia, si ignoramos la distinción de géneros y extraemos la información imparcialmente de los poetas y de los filósofos; y eso fue lo que hicieron, de hecho, a pesar de que, en teoría, estaban en condiciones de señalar que los poetas hablaban de cosas imaginarias. Si, en esas condiciones, tenemos también una gran aversión a dejar de creer rotundamente cualquier cosa que figure en un libro, entonces se dan una necesidad urgente y al mismo tiempo una magnífica oportunidad para clasificar y ordenar. Hay que armonizar todas las contradicciones aparentes. Hay que construir un Modelo que abarque todo sin conflicto; y la única forma de conseguirlo será la de que dicho Modelo se vuelva intrincado, la de que procure su unidad mediante una multiplicidad grande y perfectamente ordenada. Creo que, en cualquier caso, los medievales habrían emprendido esa tarea. Pero tenían otro motivo más en el hecho de que ya se hubiese iniciado y estuviera bastante avanzada. En las postrimerías de la Antigüedad, muchos escritores –algunos de los cuales estudiaremos en un capítulo posterior– se dedicaron, medio inconscientemente quizás, a reunir y armonizar concepciones de orígenes muy diferentes: construyeron un Modelo sincrético con elementos no solo platónicos, aristotélicos y estoicos, sino también paganos y cristianos. La Edad Media adoptó y perfeccionó dicho Modelo.

Al hablar del Modelo perfeccionado como una obra digna de colocarse junto a la *Summa* y a la *Comedia*, quiero decir que puede dar una satisfacción semejante a la mente, y por las mismas razones. Como ellas, está hecho a gran escala, pero es limitado e inteligible. Lo que tiene de sublime no estriba en algo vago u oscuro. Como trataré de mostrar más adelante, es más clásico que gótico. Existe armonía entre sus partes constitutivas, por ricas que sean. Vemos cómo se engarzan unas con otras: en concordancia; no en una igualdad horizontal, sino en una escala jerárquica. Se podría suponer que esa belleza del Modelo es más evidente sobre todo para nosotros que, al no aceptarlo como verdadero, podemos –o nos vemos obligados a– considerarlo como si fuera una obra de arte. Pero creo que no es así. Creo que existen abundantes pruebas de que producía profunda satisfacción en las épocas en que todavía creían en él. Confío en que convenceré al lector no solo de que dicho Modelo del universo es una excelsa obra de arte medieval, sino también de que, en cierto sentido, es la obra central, aquella en la que la mayoría de las obras particulares encajaban, a la que constantemente se referían, de la que extraían gran parte de su fuerza.

2
Salvedades

No me ejercito en grandes tareas, que son
demasiado elevadas para mí.

Describir el universo imaginado que generalmente presuponen el arte y la literatura medievales no es lo mismo que escribir una historia general de la sociedad y la filosofía medievales.

La Edad Media, como la mayoría de las épocas, estuvo llena de cambios y controversias. Las escuelas de pensamiento surgían, porfiaban y desaparecían. Mi descripción de lo que llamo el Modelo medieval pasa por alto todo eso: pasa por alto incluso el gran cambio de una concepción predominantemente platónica a otra predominantemente aristotélica[1] y el conflicto directo entre nominalistas y realistas. La razón es que esos fenómenos, por importantes que sean para el historiador de las ideas, apenas tuvieron repercusiones en el nivel literario. El Modelo, por lo que respecta a los elementos que los poetas y artistas podían utilizar del mismo, permanecía estable.

Además, el lector descubrirá que me tomo la libertad de ilustrar características del Modelo que llamo «medieval» por medio de autores que escribieron después del final de la Edad Media: Spenser, Donne o Milton. Lo hago así porque en muchos aspectos el antiguo Modelo seguía actuando como substrato de su obra. No se abandonó total y definitivamente hasta finales del siglo XVIII.

En todas las épocas, el Modelo del universo que aceptan los grandes pensadores contribuye a constituir lo que podemos llamar telón de fondo de las artes. Pero dicho telón de fondo es en gran medida

---

[1] El texto de Aristóteles en traducciones latinas (que muchas veces eran, a su vez, traducciones de versiones árabes) se empezó a conocer en el siglo XII.

selectivo. Se toma solamente aquello que en el Modelo total es inteligible para el lego y aquello que atrae de alguna forma a la imaginación y a los sentimientos. Así, nuestro propio telón de fondo consta de muchos elementos procedentes de Freud y pocos de Einstein. El telón de fondo medieval incluye el orden e influencia de los planetas, pero pocas cosas referentes a epiciclos y ruedas excéntricas. Dicho telón de fondo no siempre responde inmediatamente a los grandes cambios producidos en el nivel científico y filosófico.

Además, y esto independientemente de las omisiones concretas que presente la versión que del Modelo da el telón de fondo, generalmente habrá una diferencia de otro tipo. Podemos llamarla diferencia de posición. Los grandes maestros no toman ningún Modelo tan en serio como el resto de nosotros. Saben que, al fin y al cabo, solo es un modelo, posiblemente substituible.

La misión del filósofo natural consiste en edificar teorías que «salven las apariencias». La mayoría de nosotros encontramos por primera vez esa expresión en *Paradise Lost* (VIII, 82) y quizá la mayoría de nosotros la entendiésemos mal en un principio. Milton estaba traduciendo la expresión σώζειν τά φαινόμενα, usada por primera vez, que yo sepa, por Simplicius en su comentario a la obra *De Caelo* de Aristóteles. Una teoría científica debe «salvar» o «preservar» las apariencias, los fenómenos de que trata, en el sentido de abarcarlos todos, de apreciarlos correctamente. Así, por ejemplo, los fenómenos que estemos observando pueden ser puntos luminosos en el cielo de la noche y manifestar tales o cuales movimientos unos en relación con otros y con un observador situado en un punto determinado, o en diversos puntos escogidos, de la superficie de la Tierra. La teoría astronómica que obtendremos será una hipótesis tal, que, si fuera cierta, los movimientos visibles desde el punto o puntos de observación serían los que hubiésemos observado efectivamente. En ese caso, la teoría habrá «abarcado» o «salvado» las apariencias.

Pero, si no exigiésemos más que eso a una teoría, la ciencia sería imposible, pues una facultad de invención despierta podría idear muchísimas hipótesis diferentes, que igualmente salvarían los fenómenos. Hemos tenido que complementar la regla de salvar los fenómenos con otra regla, que quizá fuera Occam el primero en formular con toda claridad. De acuerdo con esta segunda regla, hemos de aceptar (provisionalmente) no cualquier teoría que salve los fenómenos, sino la teoría que así haga con el menor número posible de suposiciones. Según eso, estas dos teorías, a) la de que todos los fragmentos de poca calidad que aparecen en la obra de Shakespeare serían intercalaciones de los adaptadores, y b) la de que Shakespeare los escribió cuando su inspiración no estaba en su punto más alto, salvarán igualmente las apariencias. Pero ahora ya sabemos que existió una persona llamada Shakespeare y que la inspiración de los escritores no siempre está en su punto más alto. Si la erudición aspira a alcanzar alguna vez el firme progreso de las ciencias, tenemos que aceptar (provisionalmente) la segunda teoría. Si podemos explicar los fragmentos de mala calidad sin suponer la existencia de un adaptador, debemos hacerlo.

A los pensadores rigurosos de cualquier época les resultará evidente que las teorías científicas, por obtenerse de la forma que he descrito, nunca son afirmaciones factuales. Al decir que resulta que las estrellas se mueven de tal o cual manera, o que las sustancias se han comportado de tal o cual manera en el laboratorio, hacemos afirmaciones factuales. La teoría astronómica o química tiene por fuerza que ser provisional siempre. Habrá que abandonarla, si una persona más ingeniosa concibe una hipótesis que «salve» los fenómenos observados con menos suposiciones todavía, o si descubrimos nuevos fenómenos que aquella no pueda salvar en absoluto.

Creo que esto lo admitirán todos los científicos precavidos actuales. Newton lo admitió, si, según me han dicho, no escribió: «la atracción varía de forma inversamente proporcional al cuadrado de la distancia», sino: «por todos los indicios parece como si» así variase. Sin duda alguna, se admitió en la Edad Media. «En astronomía», dice santo Tomás de Aquino, «se da una descripción de las ruedas excéntricas y de los epiciclos basándose en que, si se supone su existencia (*hac positione facta*), se pueden salvar las apariencias sensibles referentes a los movimientos celestes. Pero eso no es una prueba suficiente (*sufficienter probans*), dado que, por lo que sabemos (*forte*), solamente podrían salvarse mediante alguna suposición diferente».[2] La auténtica razón por la que Copérnico ni siquiera rizó las aguas y Galileo provocó una tempestad puede muy bien ser la de que, mientras que el primero presentó una nueva suposición sobre los movimientos celestes, el segundo insistió en tratar dicha suposición como un hecho. Si así fue, la autén-

---

[2] I.ª XXXII, Art. I, *ad secundum*.

tica revolución consistió, no en una nueva teoría sobre los cielos, sino en «una nueva teoría sobre la naturaleza de la teoría».[3]

Así, pues, en su nivel más alto, se admitía el carácter provisional del Modelo. Lo que nos gustaría saber es hasta qué profundidad de la escala llegaba esa opinión prudente. En nuestra época pienso que sería correcto decir que la facilidad con que una teoría científica adquiere la dignidad y rigidez factuales varía de forma inversamente proporcional a la educación científica de los individuos. En conversaciones con auditorios completamente incultos, a veces he descubierto que creían cuestiones que los científicos auténticos considerarían como enormemente especulativas con mayor firmeza que muchas cosas que entran dentro de nuestro conocimiento real; la *imago* popular del hombre de las cavernas adquiriría la categoría de hecho verdadero, y la vida de César o de Napoleón la de rumor dudoso.

Sin embargo, no debemos suponer apresuradamente que la situación era exactamente igual en la Edad Media. Los medios de comunicación de masas, que en nuestro tiempo han creado un cientifismo popular, una caricatura de las ciencias auténticas, no existían entonces. Los ignorantes eran más conscientes de su ignorancia que ahora. Y, sin embargo, tengo la impresión de que, cuando los poetas usaban motivos procedentes del Modelo, no eran conscientes, como lo era santo Tomás de Aquino, de su modesta posición epistemológica. No quiero decir que hubieran planteado la cuestión que él planteaba y que le hubiesen dado una respuesta diferente. Es más probable que nunca les pasase por las mientes. Debieron de sentir que la responsabilidad de sus creencias cosmológicas, históricas o religiosas, correspondía a otros. A ellos les bastaba saber que seguían a buenos *auctours*, grandes clérigos, «esos sabios antiguos».

Probablemente, el Modelo fue menos importante para los grandes pensadores que para los poetas no solo epistemológica, sino también emocionalmente. Creo que así debe ser en todas las épocas. Respuestas casi religiosas a la abstracción hipostática *Vida* se pueden encontrar en las obras de Shaw o de Wells o en un filósofo enormemente poético como Bergson, no en los artículos o ensayos de los biólogos. Dante o Jean de Meung expresan el deleite que les produce el Modelo medieval, pero no san Alberto ni santo Tomás de Aquino. Induda-

---

[3] A. O. Barfield, *Saving the Appearances* (1957), p. 51.

blemente, ello se debe en parte a que la expresión de cualquier clase de emociones no es tarea de los filósofos. Pero sospecho que con eso no está todo dicho. No es nada anormal que los grandes pensadores no presten demasiada atención a los modelos. Se traen entre manos asuntos más difíciles y polémicos. Todo Modelo es una construcción basada en las respuestas dadas a las cuestiones planteadas. El experto se dedica bien a plantear nuevas cuestiones, bien a dar respuestas a las antiguas. Cuando se dedica a la primera tarea, el Modelo antiguo y aceptado no le interesa; cuando se dedica a la segunda, está iniciando una operación que al final destruirá totalmente el antiguo Modelo.

Una clase particular de expertos, los grandes escritores espirituales, ignoran el Modelo casi completamente. Necesitamos saber algo sobre el Modelo, si nos disponemos a leer a Chaucer, pero podemos prescindir de él, cuando leemos a san Bernardo o *Vía de perfección* o la *Imitación*. Eso se debe en parte a que los libros espirituales son enteramente prácticos, como los libros de medicina. Generalmente, un hombre excesivamente preocupado por el estado de su alma no encontrará demasiada ayuda al pensar en las esferas o en la estructura del átomo. Pero quizás hubiese en la Edad Media otro factor que también influía. Su cosmología y su religión no eran tan buenas compañeras como podría suponerse. Al principio puede que no lo advirtamos, pues la cosmología, con su firme base teísta y su gustosa aceptación de lo sobrenatural, se nos aparece como eminentemente religiosa. Y así es en un sentido. Pero no eminentemente cristiano. Los elementos paganos incrustados en ella suponían una concepción de Dios y del lugar del hombre en el universo, que, aunque no estuviese en contradicción lógica con el cristianismo, desentonaba sutilmente con él. No había un «conflicto [directo] entre la religión y la ciencia» del tipo del que se dio en el siglo xix, pero había incompatibilidad de temperamento. Exceptuando la obra de Dante, raras veces encontramos fundidos la contemplación deleitada del Modelo y el intenso sentimiento religioso de carácter específicamente cristiano.

En el capítulo anterior he ejemplificado, sin proponérmelo, una diferencia entre el hecho de describir el Modelo y el de escribir una historia del pensamiento. En él he citado a Platón y a Aristóteles; pero la función que he tenido que atribuirles era filosóficamente humillante, al convocar al primero para que testificase en una querella de demonología y al segundo como testigo de una física desacreditada.

Naturalmente, no pretendía sugerir que su lugar real y permanente en la historia del pensamiento occidental descansase en esos cimientos. Pero en esta obra nos interesan menos como grandes pensadores que como fuentes –fuentes indirectas, inconscientes y casi accidentales– del Modelo. La historia del pensamiento en cuanto tal trataría principalmente de la influencia que los grandes expertos ejercen unos sobre otros: la influencia, no de la física de Aristóteles, sino de su ética y de su método dialéctico sobre los de santo Tomás de Aquino. Pero el Modelo está basado en la coincidencia real o supuesta de cualesquiera autores antiguos –buenos o malos, filósofos o poetas, entendidos correctamente o no– que resultaron estar a mano por la razón que fuese.

Quizás estas explicaciones disipen –u orienten en otro sentido– una duda que el lector avisado podría sentir en las primeras tomas de contacto, aquí y allá, con este libro. Puedo imaginar que ese reconocimiento preliminar le haga formular la pregunta: «Pero ¿hasta qué profundidad de la escala intelectual penetró ese Modelo del que habla? ¿Acaso no está usted ofreciendo como fondo de la literatura cosas que en realidad solamente conocían unos cuantos expertos?». Más adelante se verá, espero, que la pregunta de «hasta qué altura» tenía validez el poder real del Modelo es, por lo menos, igualmente pertinente.

Indudablemente, había un nivel por debajo de la influencia del Modelo. Había poceros y taberneras que nunca habían oído hablar del *Primum Mobile* y no sabían que la Tierra era esférica; no porque pensasen que era plana, sino porque no tenían opinión alguna sobre esa cuestión. No obstante, en una compilación tan doméstica y sin arte como el *South English Legendary* aparecen elementos del Modelo. Por otro lado, como he intentado indicar, sin duda alguna había niveles, tanto intelectuales como espirituales, que en cierto sentido estaban por encima del poder completo del Modelo.

Digo «en cierto sentido», porque, si no, esas metáforas de arriba y abajo podrían sugerir algo falso. Podría suponerse que creo que la ciencia y la filosofía son de alguna manera más valiosas intrínsecamente que la literatura y el arte. No soy de esa opinión. El nivel intelectual «más elevado» solamente lo es de acuerdo con un patrón particular; de acuerdo con otro patrón, el nivel poético es más elevado. En mi opinión, las variaciones comparativas de calidades diferentes carecen de sentido.[4] Un cirujano es mejor que un violinista operando y un violinista mejor que un cirujano tocando el violín. Tampoco pretendo sugerir en absoluto que los poetas y artistas estén equivocados o sean estúpidos por omitir de su telón de fondo muchas cosas que los expertos consideran importantes. Un artista necesita saber algo de anatomía, pero no necesita continuar con el estudio de la fisiología ni mucho menos con el de la bioquímica. Y, si dichas ciencias cambian más que la anatomía, su obra no reflejará el progreso de aquellas.

---

[4] Cf. la máxima (citada en *Aids to Reflection* de Coleridge): *heterogenea non comparari possunt.*

3

Materiales seleccionados: el período clásico

Oh vana gloria de l'umana posse
com poco verde in su la cima dura.

DANTE

Antes de ocuparnos del propio Modelo, vale la pena que demos una descripción al menos de algunas de las fuentes de que derivaba. Tratarlas todas sobrepasaría el objeto de este libro y me conduciría a regiones para las cuales se pueden encontrar guías mejores. Así, quizá no haya fuentes tan necesarias para el estudioso de la literatura medieval como la Biblia, Virgilio y Ovidio, pero no voy a decir nada sobre ninguna de las tres. Muchos de mis lectores ya las conocen; los que no, por lo menos tienen conciencia de que necesitan conocerlas. Igualmente, aunque tendré oportunidad de hablar mucho de la antigua astronomía, no voy a describir el *Almagesto* de Ptolomeo. Existe una edición disponible de dicho texto, con una traducción francesa,[1] y existen muchas historias de la ciencia. (En muchos casos, las afirmaciones circunstanciales sobre la astronomía precopernicana que encontramos en las obras de científicos modernos que no sean historiadores son poco dignas de crédito.) Voy a centrarme en las fuentes que son de acceso más difícil o peor conocidas, en general, por las personas cultas, o que mejor ilustran el proceso mediante el cual las asimiló el Modelo. Las que me parecen más importantes pertenecen a los siglos III, IV y V d. de C. y van a constituir el tema del capítulo siguiente. Entretanto, voy a ocuparme de algunas obras anteriores que la tradición «clásica» de nuestras escuelas ha contribuido a mantener en segundo plano.

---

[1] *Mathematikes Suntaxeos*, texto griego y trad. francesa de M. Halma (París, 1913).

A. EL *SOMNIUM SCIPIONIS*[2]

La *República* de Platón, como todo el mundo sabe, acaba con una descripción de la otra vida, puesta en boca de un tal Er el Armenio, que había regresado del mundo de los muertos. Cuando Cicerón, hacia el año 50 a. de C., escribió su propia *República*, para no ser menos, acabó con una visión similar. Escipión el Africano Menor, uno de los interlocutores en el diálogo de Cicerón, relata en el sexto y último libro un sueño extraordinario. La mayor parte de la *República* de Cicerón ha llegado hasta nosotros en condición fragmentaria. Por una razón que revelaremos más adelante, esta parte, el *Somnium Scipionis*, se ha conservado intacta.

Escipión comienza diciéndonos que durante la tarde que precedió a su sueño había estado hablando con su abuelo (adoptivo), Escipión el Africano Mayor. Esa es indudablemente, dice, la razón por la que se me apareció en mi sueño, pues nuestros sueños suelen nacer de los pensamientos que teníamos inmediatamente antes de quedarnos dormidos (VI, X). Ese pequeño intento de dar credibilidad a un sueño fabuloso mediante la presentación de causas psicológicas se imitó en la poesía de los sueños de la Edad Media. Así, Chaucer en el proemio del *Book of the Duchesse* lee algo sobre amantes separados por la muerte, antes de soñar con ellos; en el *Parlement* lee el propio *Somnium Scipionis* y sugiere que esa puede ser la razón por la que soñó con Escipión (106-8).

El Africano Mayor lleva al Africano Menor a una altura desde donde contempla Cartago: «desde un lugar elevado, brillante y resplandeciente, lleno de estrellas» (xi). De hecho, están en la esfera celestial más elevada, el *Stellatum*. Esta descripción es el prototipo de muchas subidas al cielo de la literatura posterior: la de Dante, la de Chaucer (en *Hous of Fame*), la del espíritu de Troilo, la del amante de *King's Quair*. En una ocasión, Don Quijote y Sancho (11, xli) se dejaron convencer de que estaban realizando la misma subida.

Después de predecir la futura carrera política de su nieto (de igual forma que Cacciaguida predice la de Dante en *Paradíso*, XVII), el Africano le explica que «todos los que han sido salvadores o héroes de su tierra natal o han acrecentado sus dominios tienen reserva-

---

[2] Cicero, *De Republica, De Legibus*, texto y trad. de C. W. Keyes (Loeb Library, 1928).

do un lugar en el cielo» (xiii). Esto constituye un buen ejemplo del reacio material con que se enfrentó el sincretismo posterior. Cicerón estaba fabricando un cielo para los hombres públicos, para los políticos y generales. Ni los sabios paganos (como Pitágoras), ni los santos cristianos podían entrar en él. Aquello era completamente incompatible con algunas autoridades paganas y con todas las cristianas. Pero, como veremos más adelante, en este caso se había conseguido una interpretación armonizadora antes de que se iniciase la Edad Media.

El Escipión más joven, enardecido con aquella perspectiva, preguntó entonces por qué no habría de correr a reunirse al instante con aquella feliz compañía. «No», respondió el Mayor (xv), «a menos que ese Dios, cuyo templo constituye la totalidad de este universo que estás contemplando, te haya liberado de las cadenas del cuerpo, el camino hacia aquí no está abierto para ti. Pues los hombres han nacido sometidos a la ley de que deben ocupar (*tuerentur*) el globo que ves ahí abajo en medio del templo, llamado Tierra... En consecuencia, tú, Publio, y todos los hombres buenos, debéis conservar el alma entre las cadenas del cuerpo y no abandonar la vida humana hasta que os lo ordene Aquel que os dio el alma; si no, se considerará que no habéis cumplido el deber asignado por Dios al hombre». Esa prohibición del suicidio es platónica. Creo que en este caso Cicerón sigue un pasaje del *Fedón* de Platón, en el que Sócrates observa con respecto al suicidio: «Dicen que es ilícito» (61^c), que es incluso uno de esos pocos actos que son ilícitos en cualquier circunstancia (62^a). Sigue una explicación. Tanto si aceptamos la doctrina que enseñan los misterios (la de que el cuerpo es una prisión y no debemos romperla), como si no, de lo que no hay duda es de que nosotros, los hombres, somos propiedad (κτήματα) de los dioses, y la propiedad no puede disponer de sí misma (62^{b-c}). Que esa prohibición forma parte de la ética cristiana es algo irrebatible; pero ha habido muchas personas cultas que no han sabido decirme cuándo o cómo llegó a serlo. El pasaje que estamos considerando puede haber ejercido alguna influencia. Verdaderamente las referencias de escritores posteriores al suicidio o al hecho ilícito de poner en riesgo la propia vida parecen escritas teniendo presente el parlamento del Africano, pues desarrollan la metáfora militar que va implícita en él. El Caballero de la Cruz Roja de Spenser responde a la tentación del suicidio por parte de la Desesperación con las palabras:

> *The souldier may not move from watchfull sted*
> *Nor leave his stand[3] untill his Captaine bed.[4]*

y la Desesperación, intentando dar la vuelta al argumento, replica:

> *He that poinst the Centonell his roome,*
> *Doth license him depart at sound of morning droome.[5]*
>
> (F. Q., I, IX, 41)

De igual forma, Donne (*Satyre* III, 29) reprueba el duelo con las siguientes palabras:

> *O desperate coward, wilt thou seeme bold, and*
> *To thy foes and his (who made thee to stand*
> *Sentinell in his worlds garrison) thus yeeld...[6]*

Entonces Escipión advirtió que las estrellas eran globos que superaban en tamaño a la Tierra. Realmente, la Tierra aparecía ahora tan pequeña en comparación, que el Imperio romano, que constituía apenas un poco más de un punto en aquella minúscula superficie, le inspiró desprecio (xvi). Escritores posteriores tuvieron presente constantemente este pasaje. La insignificancia (de acuerdo con patrones cósmicos) de la Tierra se convirtió en un lugar tan común para el pensador medieval como para el moderno; era parte del bagaje de los moralistas, usado, como lo usa Cicerón (xix), para mortificar la ambición humana.

En la literatura posterior vamos a encontrar otros detalles procedentes del *Somnium*, aunque indudablemente no fue el único conducto por el que se transmitieron todos ellos. En el apartado xviii tenemos la música de las esferas; en el xvi, la doctrina del espíritu condenado a vagar por la Tierra. En el xvii (siempre que no se lo con-

---

[3] En el sentido del latín *statio*, es decir, puesto.

[4] «El soldado no debe moverse de su puesto de vigilancia ni abandonarlo hasta que su capitán se lo ordene.»

[5] «Quien señala al centinela su puesto le da permiso para abandonarlo al oír el toque de diana.»

[6] «Oh, cobarde desesperado, vas a parecer valiente, y ceder así ante tus enemigos y los de quien te puso de centinela en la guarnición de su mundo...»

sidere demasiado insignificante) podemos ver que el Sol es la mente del mundo, *mens mundi*. Ovidio (*Met.* IV, 228) lo convirtió en *mundi oculos*, el ojo del mundo. Plinio el Viejo (*Hist. Nat.*, II, iv) hizo un ligero cambio: *mundi animus*. Bernardo Silvestre usó ambas fórmulas respetuosas: *mens mundi... mundanusque oculus*.[7] Milton, quien es de suponer que no hubiese leído a Bernardo, pero sin lugar a dudas había leído el *Somnium* y a Ovidio y probablemente a Plinio, hace lo mismo: «Tú, Sol, a la vez ojo y alma de este gran mundo» (*P. L.*, V, 171). Shelley, quien quizá solamente tenía presente a Milton, eleva la imagen del ojo a un nivel superior: «el ojo con el cual el universo / Se contempla a sí mismo y se sabe divino» (*Hymn of Apollo*, 31).

Sin embargo, más importante que curiosidades como estas es el carácter general del texto citado, que es típico de muchos materiales que la Edad Media heredó de la Antigüedad. Superficialmente, parece necesitar unos pocos retoques para poder alinearlo con el cristianismo; fundamentalmente, supone una ética y una metafísica completamente paganas. Como hemos visto, hay un cielo, pero es un cielo para estadistas. Se exhorta a Escipión (xxiii) a que mire hacia arriba y desprecie el mundo; pero, más que nada, debe despreciar «la charla de la plebe» y lo que debe buscar en las alturas es el premio «a sus hazañas» (*rerum*). Este será *decus*, fama o «gloria» en un sentido muy diferente al cristiano. El apartado más decepcionante es el xxiv, en el que se le exhorta a recordar que no él, sino solamente su cuerpo, es mortal. Pero, inmediatamente después siguen estas palabras: «Así, pues, date cuenta de que eres un dios.» Para Cicerón, eso es algo evidente; «entre los griegos», dice Von Hugel –y podría haber dicho «en todo el pensamiento clásico»– «quien dice inmortal dice dios. Esas ideas son intercambiables».[8] Si los hombres pueden ir al cielo es porque proceden de él; su ascenso es un regreso (*revertuntur*, xxvi). Esa es la razón por la que el cuerpo es «cadenas»: llegamos a él por una especie de caída. No tiene nada que ver con nuestra naturaleza: «el hombre es su mente» (xxiv). Todo eso pertenece a un ciclo de ideas completamente diferente de las doctrinas cristianas de la creación, caída, redención y resurrección del hombre. La actitud con

---

[7] *De Mundi Universitate*, II, Pros. V, p. 44, ed. Barach y Wrobel (Innsbruck, 1876).
[8] *Eternal Life*, I, iii.

respecto al cuerpo que implica iba a ser una desgraciada herencia para la cristiandad medieval.

Cicerón transmitió también una doctrina que durante siglos puede haber puesto trabas a la exploración geográfica. La Tierra es (por supuesto) esférica. Está dividida en cinco zonas, dos de las cuales, la ártica y la antártica, son inhabitables a causa del frío. Entre las dos zonas habitables y templadas se extiende la zona tórrida, inhabitable a causa del calor. Esa es la razón por la que los antípodas, los hombres que «colocan los pies en la dirección opuesta a la vuestra» (*adversa vobis urgent vestigia*) y viven en la zona templada del sur, no tienen nada que ver con nosotros. Nunca podemos entrar en contacto con ellos; un cinturón de calor mortífero está situado entre ellos y nosotros (xx). Contra esa teoría fue contra la que George Best escribió su capítulo *Experiences and reasons of the Sphere, to proove all parts of the worlde hamtable, and thereby to confute the position of the five zones*[9] (*A True Discourse*, 1578).

Como todos sus sucesores, Cicerón considera la Luna como la frontera entre las cosas eternas y las perecederas y afirma la influencia de los planetas sobre nuestro destino de forma bastante vaga e incompleta, aunque sin las salvedades que habría añadido un teólogo medieval (xvii).

B. LUCANO

Lucano vivió desde el año 34 d. de C. hasta el 65. Séneca y Gallio (el que «no se preocupaba de ninguna de esas cosas») fueron tíos suyos. Su poema épico sobre la guerra civil, la *Farsalia*, quedó interrumpido por la muerte más miserable que se pueda imaginar para un hombre: conspiró contra Nerón, lo prendieron, confesó a cambio de una promesa de perdón, denunció (entre otros muchos) a su propia madre y, a pesar de todo, lo ejecutaron. Creo que actualmente su poema está infravalorado; indudablemente es una obra truculenta, pero no peor en ese sentido que las de Webster y Tourneur. Por lo que se refiere

---

[9] «Experiencias y razones de la Esfera para demostrar que todas las partes del mundo son habitables y de esa forma refutar la teoría de las cinco zonas.»

al estilo, Lucano es, como Young, «un epigramista lúgubre» y, como Séneca, un maestro del «*coup de théâtre* verbal».

Que yo sepa, dicho estilo no se imitó en la Edad Media, pero a Lucano se lo consideró con gran respeto. Dante lo cita en *De Volgari Eloquentia*, junto a Virgilio, Ovidio y Estacio, como uno de los cuatro *regulati poetae* (II, vi, 7). En el noble castillo del Limbo se codea con Homero, Horacio, Ovidio, Virgilio y el propio Dante.[10] Chaucer, al enviar su Troilo al mundo, le ordena que bese las huellas de «Virgilio, Ovidio, Homero, Lucano y Estacio» (V, 1971).

La figura más popular de Lucano fue Amiclas,[11] el pobre pescador que traslada a César desde Palestra hasta Italia. Lucano lo usa como pretexto para hacer el elogio de la pobreza. Amielas, dice, no se sintió intimidado lo más mínimo por el hecho de que César llamara a su puerta: ¿qué templos, qué baluartes podrían jactarse de una seguridad semejante? (V. 527 y ss.). Dante traduce ese pasaje entusiásticamente en el *Convivio* (IV, xiii, 12) y lo recuerda con gran belleza en *Paradiso*, cuando hace decir a santo Tomás de Aquino que la novia de san Francisco había permanecido durante mucho tiempo sin pretendiente, a pesar de que aquel que asustó a todo el mundo la encontró tan tranquila en la casa de Amielas (XI, 67 y ss.). Dos de las grandes damas de Lucano, Julia (de la *Farsalia*, I, 111) y Marcia (II, 326), figuran también en el *Inferno* (IV, 128) entre los paganos nobles y virtuosos. La *Corniglia* que aparece citada junto a ellas suele considerarse como la madre de los Gracos, pero creo más probable que sea Cornelia, la esposa de Pompeyo, que figura en la obra de Lucano (V. 722 y ss.) como esposa ideal.

Sin embargo, esos préstamos no nos interesan mucho, excepto como pruebas de la popularidad de Lucano. Otros dos pasajes de la obra de Dante son más instructivos para nuestro propósito, porque revelan las peculiaridades del tratamiento que en la Edad Media se dio a los textos antiguos.

En su libro segundo (325 y ss.), Lucano relata cómo Marcia, casada primero con Catón y luego por orden suya con Hortensio, después de la muerte de este vuelve a reunirse con su antiguo marido en la

---

[10] *Inferno*, IV, 88.

[11] Véase E. R. Curtius, *European Literature and the Latín Middle Ages*, trad. de W. R. Trask (Londres, 1953). Desgraciadamente, hay que desconfiar de las traducciones de citas latinas que figuran en esta edición.

hora más sombría de él y de Roma y le pide, y obtiene, que se vuelvan a casar. Pero Dante[12] lee todo alegóricamente. Para él, Marcia es la *nobile anima*. Como virgen, representa *l'adolescenza*; como esposa de Catón, la *gioventute*. Los hijos que dio a Catón son las virtudes propias de ese período de la vida. Su matrimonio con Hortensio es la *senettude*; y los hijos que tuvo con él, las virtudes de la vejez. La muerte de Hortensia y su viudez representan la transición hacia la vejez extrema (*senio*). Su vuelta con Catón muestra al alma noble volviéndose hacia Dios. «Y», añade Dante, «¿qué hombre terrenal es más digno de representar (*significare*) a Dios que Catón? Con toda seguridad, ninguno». Esa valoración sorprendentemente alta del antiguo suicida ayuda a explicar su posición posterior como portero del purgatorio en la Comedia.

Además, en el mismo *Convivio* (III, v, 12), Dante afirma la existencia de los antípodas y de forma muy natural cita a san Alberto Magno –la mejor autoridad científica entonces disponible– en apoyo de su opinión. Pero lo interesante es que, no contento con eso, también cita a Lucano. Durante la marcha por el desierto en la *Farsalia*, IX, uno de los soldados, quejándose de que se hubiesen perdido en una región desconocida de la Tierra, había dicho: «Y quizá la propia Roma esté ahora bajo nuestros pies» (877). El poeta aparece colocado al mismo nivel que el científico como autoridad para una afirmación puramente científica. Siempre que intentemos evaluar el efecto total que los textos antiguos producían en los lectores medievales, debemos tener presente esa sorprendente incapacidad o indisposición para distinguir –en la práctica, aunque no siempre en teoría– libros de géneros diferentes. Esa costumbre, como muchas costumbres medievales, siguió viva hasta mucho después de que la Edad Media llegara a su fin. Burton es un responsable importante. Ilustra[13] la fuerza fisiológica de la imaginación a partir de la *Aethiopica* de Heliodoro, como si esa historia fantástica fuese una historia auténtica y nos ofrece el mito de Orfeo como prueba de que los animales pueden apreciar la música.[14] En el largo pasaje en latín sobre las perversiones sexuales,[15] cita a Pigmalión y a Pasifae junto a ejemplos modernos e históricos. Por

---

[12] *Convivio*, IV, xxviii, 13 y ss.
[13] Pt. 1, 2, M. 3, subs. 2.
[14] Pt. 11, M. 2, 6, subs. 3.
[15] Pt. 111, 2, M. 1, subs. 2.

tanto, es muy posible que la extensa descripción que hace Lucano de las aberraciones practicadas por la bruja Erictho[16] ejerciesen una influencia más que literaria y más funesta también. Puede ser que los tribunales contra la brujería lo tuvieran presente. Pero, como el gran período de la caza de brujas es posterior a la Edad Media, no voy a explorar aquí esa posibilidad.

Quizá la contribución más importante de Lucano al Modelo proceda del comienzo de su libro noveno, en el que el alma de Pompeyo sube desde la pira funeraria hasta el cielo. Repite la ascensión de Escipión descrita en el Sueño de Cicerón y añade nuevos detalles. Pompeyo llega «donde el aire tenebroso se junta con las ruedas que sostienen las estrellas»,[17] las esferas (5). Es decir, ha llegado a la gran frontera entre el aire y el éter, entre la «naturaleza» y el «cielo» de Aristóteles. Frontera que, claramente, está situada en la órbita de la Luna, pues la región del aire es «la que se extiende entre las regiones de la Tierra y los movimientos lunares»[18] (6), habitada por *semidei Manes* (7), los espíritus de hombres buenos, que ahora son semidioses. Al parecer, habitan la propia superficie del aire, casi dentro del propio éter, pues Lucano los describe como *patientes aetheriis imi* (8), «capaces de tolerar (quizá, respirar) la parte más baja del éter», como si el éter se volviese más aéreo o el aire más claro en el punto de su encuentro. Allí, primero Pompeyo bebe, se llena de «luz verdadera»[19] (11, 12) y ve «bajo qué vasta noche descansa lo que llamamos día»[20] (13). Finalmente, *risitque sui ludibria trunci* (14): miró hacia abajo y vio las burlas que estaban haciendo a su cadáver, al que ofrecían un funeral triste y secreto. Le hicieron reír.

En uno u otro autor volveremos a encontrar hasta el más mínimo detalle de ese episodio; para los ingleses, el pasaje, como es bien sabido, presenta otro interés más concreto. En primer lugar, Bocaccio lo copió en su *Teseida* (XI, I y ss.) y lo usó para el espíritu de su Arcita.

---

[16] *Farsalia*, VI, 507 y ss.

[17] *Qua niger astriferis connectítur axibus aer.*

[18] *Quodque patet terras inter lunaeque meatus.*

[19] *Se lumine vero Implevit.*

[20] *Quanta sub nocte iaceret Nostra dies.* Creo que esta frase puede significar bien: «Qué oscuro es nuestro día en comparación con el éter», bien: «Bajo qué profundo abismo de fenómenos nocturnos (astros, ver 11, 12, 13) se produce nuestro día terrestre.» La primera posibilidad es mucho más probable; véase más adelante, p. 83.

Fue volando hasta la concavidad de la octava esfera o *stellatum*, dejando atrás los lados convexos (*conversi*) de los (otros) *elementi*, los cuales, en este caso, como ocurre muchas veces, no son elementos, sino esferas celestiales. Naturalmente, todas las esferas eran cóncavas a medida que subía hacia ellas desde abajo, y convexas cuando volvía a mirarlas desde arriba. La de las estrellas fijas, el *stellatum*, siguió siendo cóncava porque no llegó hasta ella ni la atravesó (en aquel punto ya había llegado más lejos que Pompeyo). Como Escipión, observa lo pequeña que es la Tierra; como Pompeyo, se ríe; pero no porque su funeral, a diferencia del de Pompeyo, sea furtivo: se ríe del duelo. Chaucer ignoró este pasaje cuando usó la *Teseida* para su *Knight's Tale*, pero lo usó para el espíritu de Troilo (V, 1807 y ss.). Algunos han considerado la risa de Troilo amarga e irónica. A mí nunca me ha parecido así, y la ascendencia del pasaje, tal como la hemos seguido, me parece volverlo todavía menos probable. Me parece que los tres espíritus –el de Pompeyo, el de Arcita y el de Troilo– rieron por la misma razón, rieron de la pequeñez de todas aquellas cosas que les habían parecido tan importantes antes de morir; de igual forma que reímos, al despertar, de las insignificancias que tanto destacaban en nuestros sueños.

C. ESTACIO, CLAUDIANO Y LA DAMA «NATURA»

A Estacio, cuya Tebaida apareció en los años noventa del siglo primero, se lo equiparaba en la Edad Media (como ya hemos visto) con Virgilio, Homero y Lucano. Como Lucano, se esforzaba por hacer frases altisonantes, con menos éxito, y también con menos continuidad. Tenía un ingenio de más altos vuelos que el de Lucano, una seriedad más auténtica, más piedad y una imaginación más versátil; la *Tebaida* es un poema menos tedioso y más extenso que la *Farsalia*. Los medievales estaban en lo cierto al aceptarlo como un excelente poema «historial». En muchos sentidos les resultaba especialmente afín. Su Júpiter se parecía al Dios del monoteísmo más que ninguna otra figura de la poesía pagana que conocían. Sus espíritus (y algunos de sus dioses) se parecían más a los diablos de su propia religión que ninguno de los otros espíritus paganos. Su profundo respeto por la virginidad –además de su curiosa indicación de que el acto sexual, aun legitimado por el matrimonio, es una culpa que necesita perdón (II, 233, 256) – agradaba a la disposición ascética de su teología. Por último, la vivacidad e importancia de sus personificaciones (*Virtus, Clementia, Pietas* y *Natura*) en ciertos casos lo aproximaban mucho a la poesía completamente alegórica que les encantaba. Pero ya he hablado de esto en otro lugar[21] y ahora lo único que me interesa es *Natura*.

El lector de la literatura medieval y renacentista habrá encontrado muchas veces a esta dama o diosa. Recordará la Naturaleza velada y divina de Spenser (*F. Q., Mutabilitie*, vii); retrocediendo en el tiempo, encontrará a la Naturaleza más cordial y, sin embargo, poco menos augusta, que aparece en el *Parlement* de Chaucer. En el *Pelerinage* de Deguileville se verá sorprendido por una Naturaleza más vigorosa y violenta que las otras dos, una Naturaleza con bastante parecido a la Comadre de Bath, que pone los brazos en jarras y hace frente a un poder superior en defensa de sus legítimos privilegios.[22] Remontándose todavía más en el pasado, llegará a la Naturaleza que domina el *Roman de la Rose* durante miles de versos (15 893-19 438); tan vívida como la de Deguileville, tan cordial como la de Chaucer, apenas menos divina que la de Spenser, pero mucho más determinada, mucho más activa que todas ellas: llora, se arrepiente, se lamenta, confiesa, recibe penitencia y absolución; tiene una belleza que el poeta no puede describir, pues Dios le infundió la fuente inagotable de toda belleza (16 232); constituye una imagen de energía y fertilidad, que en ciertos momentos (Jean de Meung no puede dejar de hacer digresiones) nos hace perder el aliento. Está solamente a un paso de la *Natura* tal como Alain la presenta, rígidamente vestida de retórica, fantasía y simbolismo, defendiendo una vez más la causa de la vida o de la procreación en su *planctus* (contra los sodomitas); y de aquella a un paso también de las dos figuras de *Physis* y *Natura*, que son las protagonistas de esa obra más sobria, el *De Mundi Universitate* de Bernardo. Para todo esto el estudioso imaginará con razón un origen clásico. Cuando acuda a los autores antiguos que la Edad Media conoció, encontrará lo que está buscando. Pero no encontrará gran cosa. El desarrollo medieval de las sugerencias hechas por la Antigüedad

---

[21] *The Allegory of Love*, pp. 49 y ss.; «Dante's Statius», *Medium Aevum*, XXV, 3.
[22] En la versión de Lydgate, 3 344 y ss.

es completamente desproporcionada en cantidad y todavía más en vitalidad.

No encontrará nada en el *Timeo* de Platón (donde podía esperar encontrarlo). Los pasajes de la obra de Marco Aurelio en que el autor se dirige a *Physis* como a una diosa resultarán inútiles, pues no se conocían en la Edad Media. El material apropiado se reduce a lo que proporcionan Estacio y Claudiano.[23] Estacio cita raras veces a *Natura*, pero los pasajes en que lo hace son impresionantes. En el XI, 465 y ss., aparece como *princeps* y *creatrix*, creo, de todas las cosas, indudablemente de esa pasión misma (*Pietas*) que se rebela contra ella. En el XII, 645, es *dux* de quienes libran una guerra santa contra esas cosas monstruosas e «innaturales». En Claudiano obtenemos un poco más. Es el demiurgo que redujo el caos primitivo al cosmos (*De Raptu Proserpinae*, I, 249); ordenó a los dioses que se sometiesen a Júpiter (*De VI° Consulatu Honorii*, 198 y ss.); cosa más memorable: está sentada, ya entrada en años y, aun así, bella, ante la caverna de *Aevum* en *De Consulatu Stilichonis* (II, 424 y ss).

Por qué los antiguos dieron tan poca importancia a la naturaleza y los medievales tanta puede resultar más fácil de entender, después de echar un vistazo a su historia.

La naturaleza puede ser la más antigua de las cosas, pero *Natura* es la más joven de las diosas. La mitología más antigua la desconoce. Me parece imposible que una figura de ese tipo pueda haber surgido en una era auténticamente mitopéyica; lo que llamamos «adoración de la naturaleza» nunca ha tenido nada que ver con lo que llamamos «Naturaleza». La «madre» Naturaleza es una metáfora consciente. La «madre» Tierra es algo completamente diferente. La Tierra en su totalidad, en contraste con el cielo en su totalidad, puede –de hecho, debe– intuirse como una unidad. El matrimonio entre el padre Cielo (o Dyaus) y la madre Tierra es algo que se impone a la imaginación. Él el está arriba, ella yace debajo de él. Él actúa sobre ella (deja caer sus rayos y, cosa más importante todavía, la lluvia sobre ella, dentro de ella): como consecuencia, de ella surgen las mieses, de igual forma que los terneros salen de las vacas o los niños de las mujeres. En una

---

[23] Pasajes que podemos citar de Cicerón, Calcidio, e indudablemente muchos otros autores, muestran solamente una personificación momentánea (metafórica, no alegórica) de *Natura*, personificación que cualquier nombre abstracto importante puede recibir.

palabra, él engendra, ella da a luz. Podemos verlo producirse. Eso es mitopeya genuina. Pero, mientras la mente está trabajando en ese nivel, en nombre del Cielo, ¿qué es la Naturaleza? ¿Dónde está? ¿Quién la ha visto? ¿Qué hace?

Fueron los filósofos presocráticos de Grecia los que inventaron la naturaleza. En primer lugar, se les ocurrió la idea (una idea mucho más antigua de lo que el velo de familiaridad inmemorial nos permite comprender generalmente) de que la gran variedad de fenómenos que nos rodean se podría abarcar en su totalidad con un nombre y hablar de ella como de un objeto individual. Posteriormente, otros pensadores adoptaron el nombre y la connotación de unidad que (como todo nombre) encerraba. Pero a veces la usaron para referirse a algo inferior al todo; de ahí que la naturaleza de Aristóteles solamente abarque lo que está situado por debajo de la Luna. De aquella forma, el concepto de naturaleza hizo posible inesperadamente una clara concepción de lo sobrenatural (el Dios de Aristóteles es lo más sobrenatural que se pueda imaginar). El objeto (en caso de que sea un objeto) llamado «naturaleza» se podría personificar. Y esa personificación podría bien tratarse como un simple motivo histórico bien aceptarse seriamente como una diosa. Esa es la razón por la que la diosa tardó tanto en aparecer, mucho después de que la etapa mitopéyica real de la mente hubiese desaparecido. La diosa Naturaleza no puede aparecer hasta que no se disponga del concepto «naturaleza», y no se puede disponer del concepto hasta que no se haya empezado a hacer abstracciones.

Pero, desde el momento en que el concepto abarca todo, la diosa (que personifica el concepto) tiene que ser por fuerza una deidad inactiva y estéril, pues el todo no es un tema del que pueda decirse gran cosa de interés. Toda su vitalidad religiosa y poética depende de que se la convierta en algo inferior al todo. Si en algunos casos es objeto de un auténtico sentimiento religioso en la obra de Marco Aurelio es porque este autor la compara o confronta con los individuos mortales, con su yo rebelde y obstinado. Si en la obra de Estacio tiene momentos de vida poética es porque dicho autor la opone a algo mejor que ella (*Pietas*) o a algo peor (lo innatural, como el incesto o el fratricidio). Desde luego, se pueden hacer reparos filosóficos a esa oposición de la diosa Naturaleza a cosas que el concepto naturaleza debe incluir por fuerza. Podemos dejar que los estoicos y otros panteístas salgan de ese enredo como mejor puedan. La cuestión es que los poetas medievales no están cogidos en dicho enredo lo más mínimo. Desde el principio creían que la naturaleza no era todo. Era fruto de la creación. No era la más excelsa criatura de Dios y mucho menos su única criatura. Tenía reservado un lugar por debajo de la Luna. Se le habían asignado unos deberes, en su calidad de directora de Dios en ese sector. Sus propios súbditos leales, incitados por ángeles rebeldes, podían desobedecerla y volverse «innaturales». Había cosas por encima de ella y cosas por debajo. Precisamente esa limitación y subordinación de la Naturaleza es lo que le abre el camino para su triunfal carrera poética. Al abandonar la estúpida aspiración a ser todo, se convierte en alguien. Y, sin embargo, siguió siendo siempre una personificación para los medievales. Al parecer, un ser figurado en esos términos es más poderoso que una deidad en la que realmente se crea, la cual, al ser todas las cosas, no es casi nada.

Antes de abandonar a Estacio, no puedo dejar de añadir un párrafo (e invito a pasarlo por alto a quienes no sientan curiosidad) sobre un detalle meramente curioso. En el cuarto libro de la *Tebaida* alude a una deidad a la que se niega a nombrar: «la soberana del mundo triple» (516). Al mismo poder anónimo se refiere probablemente Lucano en la *Farsalia* (VI, 744), en el pasaje en que la bruja, al conjurar al reacio espíritu a que vuelva a su cadáver, le amenaza con aquel

> *quo numquam terra vocato*
> *Non concussa tremit, qui Gorgona cernit apertam.*[24]

Lactancio, en su comentario a la *Tebaida*, dice que Estacio «se refiere a δημιουργόν, el dios cuyo nombre está prohibido conocer». Lo cual está muy claro, dado que el demiurgo (obrero, arquitecto) es el Creador del Timeo. Pero hay dos variantes en los manuscritos: una es *demogorgona*, la otra es *demogorgon*. A partir de esta última corrupción, épocas posteriores desarrollaron una deidad completamente nueva, *Demogorgon*, que iba a gozar de una ilustre carrera literaria en la *Genealogía de los dioses* de Boccaccio, en Spenser, en Milton y en Shelley.

---

[24] «Al oír pronunciar su nombre, la tierra, que es la única que se atreve a ver al descubierto la cara de la Gorgona, nunca dejó de temblar.»

Esa ha sido quizá la única vez que un error de copista ha resultado deificado.

D. APULEYO, *DE DEO SOCRATIS*

A Apuleyo, nacido en Numidia hacia 125 d. de C., suele recordárselo (y merecidamente) en la actualidad por su curiosa novela, *La metamorfosis* o *El asno de oro*. Sin embargo, para un medievalista, su ensayo *Sobre el dios de Sócrates* es más importante.

Sus fuentes son dos pasajes de Platón. El primero figura en la *Apología* (31[c-d]) y en él Sócrates explica por qué se abstuvo de intervenir en la vida política. «La razón», dice, «ya me habéis oído citarla muchas veces. Algo divino y demoníaco (θεῖόν τι καὶ δαιμόιον) me sucede... Ha sido así desde que ara un niño. Surge una voz que, siempre que la oigo, me prohíbe algo que estoy a punto de hacer, pero nunca me ordena...»[25]

«Dios» y «demonio», tal como aparecen en este caso representados en sus adjetivos «divino» y «demoníaco» pueden ser sinónimos, pues –como supongo– en muchos casos lo son para otros escritores griegos tanto de prosa como de poesía. Pero, en el segundo pasaje (*Banquete*, 202e-203e), Platón hace una clara distinción entre ellos, que durante siglos iba a respetarse. En este otro caso, los demonios son criaturas de una naturaleza intermedia entre los dioses y los hombres, como «los espíritus medios» de Milton: «de tipo intermedio entre el angélico y el humano».[26] Por medio de esos intermediarios, y por medio de ellos exclusivamente, es como nosotros los mortales nos relacionamos con los dioses. Pues θεὸς ἀνθρώπῳ οὐ μίγνται; tal como Apuleyo lo traduce, *nullus deus miscetur hominibus*, ningún dios se relaciona con los hombres, la voz que hablaba a Sócrates era la de un demonio, no la de un dios.

Sobre esos «espíritus intermedios» o demonios Apuleyo tiene mucho que decirnos. Naturalmente, habitan la región intermedia entre la Tierra y el éter, es decir, el aire, que se extiende hacia arriba hasta la órbita de la Luna. De hecho, todo está dispuesto de tal manera

---

[25] Cf. *Fedro*, 242[b-c].
[26] *Paradise Lost*, 111, 461.

«que cada parte de la naturaleza tenga sus animales apropiados». A primera vista, admite, podría suponerse que las aves constituyen los «animales apropiados» para el aire. Pero no lo son en absoluto: no suben por encima de las montañas más altas. *Ratio* exige que haya una especie nativa y genuina para el aire, como los dioses lo son para el éter y los hombres para la Tierra. Me resultaría muy difícil escoger palabra alguna de nuestra lengua como traducción correcta de *ratio* en este contexto. «Razón», «método», «propiedad» y «proporción» podrían exhibir el mismo derecho.

Los cuerpos de los demonios, que normalmente no nos son visibles, tienen menor consistencia que las nubes. Precisamente porque tienen cuerpos es por lo que los llama animales: evidentemente, no quiere decir que sean bestias. Son animales racionales (aéreos), de igual forma que nosotros somos animales racionales (terrestres) y los dioses propiamente dichos son animales racionales (etéreos). La idea de que incluso los espíritus creados más excelsos –los dioses, en el sentido de seres diferentes de Dios– eran seres encarnados a su manera, de que tenían algún tipo de «vehículo» material, procede de Platón. Este había llamado a los dioses verdaderos, las estrellas deificadas, Çῷα, animales.[27] La escolástica, al considerar a los ángeles –que es como se llama en lenguaje cristiano a los dioses o criaturas etéreas– espíritus desnudos o puros, resultaba revolucionaria. Los platónicos florentinos recurrieron a la concepción más antigua. Los demonios son seres intermedios entre nosotros y los dioses no solo local y materialmente, sino también cualitativamente. Como los dioses impasibles, son inmortales: como los hombres mortales, son pasibles (xiii). Algunos de ellos, antes de llegar a ser demonios, vivieron en cuerpos terrestres; de hecho, fueron hombres. Por eso es por lo que Pompeyo vio *semidei Manes*, espíritus semidioses, en su región aérea. Pero eso no es aplicable a todos los demonios. Algunos, como el Sueño y el Amor, nunca fueron humanos. A cada ser humano se le asigna un demonio individual (o *genius*, traducción latina habitual de *daemon*) de esa clase como «testigo y guardián» para toda su vida (xvi). Tendríamos que detenernos demasiado en esto para seguir los pasos por los que el *genius* de un hombre, de ser un servidor invisible, personal y externo, pasó a ser su yo auténtico y después la configuración de su

---

[27] *Timeo*, 38ª.

mente y, finalmente (entre los románticos), sus dotes literarias o artísticas. Entender ese proceso totalmente equivaldría a comprender ese gran movimiento de interiorización y los consiguientes engrandecimiento del hombre y desvitalización del universo en que ha consistido en gran medida la historia psicológica de Occidente.[28]

Aparte de sus contribuciones directas al Modelo, esta obrita tiene un doble valor para quienes se inicien en los estudios medievales.

En primer lugar, ilustra el tipo de conducto a través del cual fragmentos de las obras de Platón –muchas veces fragmentos que eran muy marginales y poco importantes en el conjunto de su obra– fueron goteando hasta la Edad Media. Los medievales disponían solamente de una versión latina incompleta de un solo diálogo de Platón, el *Timeo*. Por sí solo, este no habría bastado en absoluto para producir un «período platónico». Pero también recibieron un platonismo difuso, mezclado inextricablemente con elementos neoplatónicos, de forma indirecta, a través de autores como Apuleyo y los que trataremos en el próximo capítulo. Estos, junto con los *Platonici* que leyó san Agustín[29] (traductores latinos del neoplatonismo), constituyeron la atmósfera intelectual en que creció la nueva cultura cristiana. Por tanto, el «platonismo» de las primeras épocas fue algo muy diferente del renacentista o del decimonónico.

En segundo lugar, Apuleyo nos presenta dos principios –a no ser que, en realidad, sean el mismo principio– que volveremos a encontrar una y otra vez, a medida que avancemos.

Uno es el que llamo principio de la tríada. La afirmación más clara con respecto a él en la obra de Platón procede del *Timeo*: «Es imposible que dos cosas solas se junten sin una tercera. Ha de haber cierto vínculo entre ambas para unirlas» (31[b-c]). El principio no aparece formulado, sino implícito, en la afirmación del *Banquete* de que dios no se relaciona con el hombre. Se pueden encontrar solamente de forma indirecta; ha de haber algún hilo, algún medio, algún introductor, algún puente –una tercera cosa de algún tipo– entre ellos. Los demonios son los que llenan ese vacío. Vamos a ver al propio Platón y a los medievales poniendo en práctica incansablemente dicho principio;

---

[28] Con respecto al otro sentido, muy diferente, de *genius*, véase mi *Allegory of Love*, Apéndice l.
[29] *Confesiones*, VII, ix.

tendiendo puentes, como si dijéramos, «terceras cosas»: entre la razón y los instintos, el alma y el cuerpo, el rey y el pueblo.

El otro es el principio de plenitud. Sí, entre el éter y la Tierra hay un cinturón de aire, le parece a Apuleyo que la propia *ratio* exige que esté habitado. Hay que aprovechar el universo totalmente. Nada debe desperdiciarse.[30]

---

[30] Sobre esto, véase A. O. Lovejoy, *The Great Chain of Being* (Harvard, 1957).

4
Materiales seleccionados: el período fecundador

And oute of olde feldes as men seith
Cometh at this newe corn.[1]

CHAUCER

Todos los textos que hemos examinado hasta ahora pertenecen por entero al mundo antiguo, a la Antigüedad pagana. Vamos a ocuparnos ahora del período de transición, que podemos considerar comienza, aproximadamente, con el nacimiento de Plotino, en el año 205 y acaba con la primera referencia fechable a Pseudo-Dionisio en el 533. Aquella fue la época que dio nacimiento a la mentalidad característica de la Edad Media. También presenció la última resistencia del paganismo y el triunfo final de la Iglesia. Fechas fundamentales de dicha historia son: 324, cuando Constantino instó a sus súbditos a que abrazasen el cristianismo; 331-333, reinado de Juliano y su intento de renacimiento pagano; 384, cuando Símaco el Viejo pidió en vano que se restituyese el altar de la Victoria al Senado; y 390, año en que Teodosio prohibió cualquier clase de culto pagano.

En una guerra prolongada, las tropas de ambos bandos pueden imitar mutuamente sus métodos y contraer sus mutuas enfermedades; en ocasiones pueden incluso confraternizar. Así fue en aquel período. El conflicto entre la religión antigua y la nueva fue muchas veces enconado, y ambas partes estuvieron dispuestas a usar la violencia, cuando se atrevieron. Pero, al mismo tiempo, su influencia mutua fue muy grande. Durante aquellos siglos muchos elementos de origen pagano pasaron a formar parte de los cimientos inamovibles del Modelo. Característico de aquella época es el hecho de que una

---

[1] «Y de campos más antiguos que los que el hombre ve procede este grano nuevo.»

de las obras que voy a citar haya provocado dudas con respecto a si su autor era pagano o cristiano.

Si obtenemos nuestra información exclusivamente a partir de la historia política y eclesiástica, podemos confundir el carácter preciso e incluso, en ciertos sentidos, las dimensiones del abismo que separa a las religiones: más aún, si la obtenemos de fuentes populares. Las personas cultas de ambos lados habían recibido la misma educación, leído a los mismos poetas y aprendido la misma retórica. Como se reveló hace sesenta y tantos años,[2] en ciertos casos las relaciones entre ellas fueron amistosas.

He leído una novela en la que se representa a todos los paganos de aquella época como sensualistas despreocupados y a todos los cristianos como ascetas salvajes. Se trata de un error grave. En algunos aspectos, había más parecido entre ellos que los que hay entre cada uno de ellos y el hombre moderno. Los dirigentes de ambos lados eran monoteístas, y ambos admitían casi una infinidad de seres sobrenaturales entre Dios y el hombre. Ambos eran muy intelectuales, pero también (para nuestra forma de ver) muy supersticiosos. Los últimos paladines del paganismo no eran el tipo de hombres que Swinburne, o un «humanista» moderno, hubiera deseado que fuesen. No eran extrovertidos incontinentes que retrocediesen horrorizados o llenos de desprecio ante un mundo «que se había vuelto gris» con el aliento del «pálido galileo». Si deseaban recuperar «el laurel, las palmas y el himno triunfal», era por razones más serias y religiosas. Si ansiaban ver «los pechos de la ninfa en el matorral», su anhelo no era como el de un sátiro; se parecía más al de un idealista. Un talante ascético, místico y de renuncia al mundo caracterizaba entonces a los paganos más eminentes no menos que a sus oponentes cristianos. Era el espíritu de la época. En ambos lados, toda clase de hombres daban la espalda a las virtudes cínicas y a los placeres sensuales para buscar una purificación interior y un fin sobrenatural. Al hombre moderno que le desagraden los Santos Padres, le habrían desagradado igualmente los filósofos paganos y por razones semejantes. Ambos le habrían turbado con historias de visiones, éxtasis y apariciones. Le habría resultado difícil escoger entre las manifestaciones más bajas y más violentas de ambas religiones. A un ojo (y estómago) moderno, Juliano, con sus

---

[2] S. Dill, *Roman Society in the Last Century of the Western Empire* (1898), cap. 1.

largas uñas y su poblada barba, le habría parecido muy semejante a un sucio monje procedente del desierto egipcio.

A cualquiera se le ocurriría la idea de que en una época conflictiva, los autores cuya fe ha parecido dudosa pudieron haberla presentado de forma ambigua por razones de prudencia. Esa es siempre una hipótesis posible, pero no necesaria. En una época en que había –o, al menos, parecía haber– tanto terreno común, un autor podía escribir sinceramente muchas cosas que resultasen aceptables al mismo tiempo a muchos lectores cristianos y paganos, siempre que su obra no fuese teológica de forma explícita. No siempre se captaban las connotaciones religiosas más remotas de las posiciones filosóficas. Eso explica que lo que podemos considerar la diferencia entre una obra inequívocamente cristiana y una posible obra pagana pueda en realidad ser la diferencia entre una tesis presentada, por decirlo así, a la facultad de Filosofía y otra presentada a la de Teología. Esa me parece la mejor explicación para el abismo que separa la *De Consolatione* de Boecio de las obras doctrinales que se le atribuyen (justificadamente, supongo).

En su nivel más alto, la resistencia puede identificarse casi con la escuela neoplatónica. Los grandes nombres de esta son Plotino (205-70), Porfirio (233-304?), Yámblico (muerto el año 330) y Proclo (muerto el 485). El primero fue un genio de la máxima altura, pero Porfirio –muchas veces indirectamente– fue quien ejerció mayor influencia en Occidente. La escuela de conjunto, aunque en parte fuese un desarrollo espontáneo del genio griego, me parece una réplica deliberada al desafío del cristianismo y, en ese sentido, deudora de él. Con ella los últimos paganos estaban separándose cuidadosamente del politeísmo popular y diciendo efectivamente: «También nosotros tenemos una explicación del universo en su totalidad. También nosotros tenemos una teología sistemática. Tenemos, no menos que vosotros, una norma de vida: tenemos santos, milagros, devociones y la esperanza de llegar a la unión con el Altísimo.»

Sin embargo, nuestro estudio no se interesa por el impacto de poca duración que la nueva religión produjo en la antigua, sino por el efecto duradero que la antigua produjo en la nueva. La última ola del paganismo, el platonismo, que había reunido tantos elementos procedentes de olas anteriores, aristotélicos, platónicos, estoicos y tantos otros, penetró profundamente tierra adentro y formó lagos de agua salada que quizá nunca llegaron a secarse. No todos los cristianos de cualquier época los han detectado siempre ni han admitido su existencia; y entre quienes lo han hecho siempre ha habido dos actitudes. Había entonces, y sigue habiendo todavía, una «izquierda» cristiana, deseosa de detectar y proscribir todo elemento pagano, pero también una «derecha» cristiana que, como san Agustín, podía ver la doctrina de la Trinidad prefigurada en los Platonici,[3] o que podía afirmar triunfalmente, como Justiniano el Mártir: «Cualesquiera afirmaciones correctas que hayan hecho hombres de la clase que fuesen pertenecen a nosotros los cristianos».[4]

A. CALCIDIO

La obra de Calcidio[5] es una traducción incompleta del *Timeo* de Platón, que se detiene al final del apartado 53b (es decir, a la mitad aproximadamente) y un *commentarius* mucho más extenso. Apenas se trata de lo que nosotros llamaríamos un comentario, pues pasa por alto muchas dificultades y se extiende exageradamente a propósito de cuestiones sobre las que Platón tenía poco o nada que decir.

Está dedicado a un Osio u Hosio, que se ha identificado, no con toda seguridad, con un obispo de Córdoba que asistió al concilio de Nicea (325). Aun cuando la identificación fuese correcta, no nos permitiría fechar la obra con demasiada aproximación, pues san Isidoro nos dice que el citado obispo vivió más de cien años.

La religión de Calcidio se ha puesto en duda. A favor de su cristianismo observamos:

1. La dedicatoria a Osio (suponiendo una vez más que fuese realmerite el obispo).
2. Llama a la descripción bíblica de la creación de Adán «la enseñanza de una secta más sagrada» (*sectae sanctioris*).[6]
3. Después de dar un ligero repaso a una supuesta doctrina astrológica en la obra de Homero, cita la estrella de la Nativi-

---

[3] *Confesiones*, VII, ix.
[4] *Apología*, 11, xiii.
[5] *Platonis Timaeus interprete Chalcidio*, ed. Z. Wrobel (Lipsiae, 1876).
[6] *Op. cit.*, LV, p. 122.

dad como algo testificado por una «historia más sagrada y venerable».[7]

4. Se califica a sí mismo de fruto de las verdades de «la ley divina» hasta la que Platón se había visto guiado «por el impulso (*instinctus*) de la verdad misma».[8]

Por otro lado:

1. Cuando sigue al Antiguo Testamento, en lugar de llamarlo «las sagradas escrituras», suele decir simplemente que sigue a los *Hebraei*.[9]

2. Como testigos de los beneficios que nosotros los mortales hemos recibido de los demonios buenos cita a «todos los griegos, latinos y bárbaros» («*cuneta Graecia, omne Latium, omnisque Barbaría*»).[10] Esto contrasta profundamente con la concepción de san Agustín[11] de que todos los demonios del paganismo eran malos: de que eran «demonios» en el sentido posterior de la palabra.

3. En un lugar, cita la inspiración divina de Moisés como algo dudoso (*ut ferunt*).[12]

4. Cita a Homero, a Hesíodo y a Empédocles como si no fueran menos dignos de crédito que los autores de las Sagradas Escrituras.

5. Califica a la Providencia de *Nous* (Mente), ser que ocupa el segundo lugar después del *summus deus*, el cual la perfecciona, como perfecciona todas las demás cosas.[13] Se parece mucho más a la Trinidad neoplatónica que a la cristiana.

6. Discute por extenso la cuestión de si *silva* (la materia) es congénitamente mala,[14] sin citar ni siquiera una vez la doctrina cristiana de que Dios hizo todas las cosas y afirmó que eran muy buenas.

---

[7] CXXVI, p. 191.
[8] CLXXVI, p. 225.
[9] CXXXII, p. 195; CCC, p. 329.
[10] CXXXII, p. 195.
[11] *De Civitate*, VIII, 14-X, 32.
[12] Calcidio CCLXXVI, p. 306.
[13] CLXXVI, p. 226.
[14] CCLXXXVIII-CCXCVIII, pp. 319-27.

7. Rechaza terminantemente la cosmología antropocéntrica del Génesis, según la cual los cuerpos celestes fueron creados «para dar luz a la Tierra». Sostiene que sería absurdo suponer que las cosas «benditas y eternas» situadas por encima de la Luna se rigen por el interés de las cosas perecederas situadas por debajo.[15]

Los dos últimos apartados son menos reveladores de lo que en un principio podríamos suponer. Aunque lógicamente los cristianos estaban obligados a admitir la bondad de la materia, no aprobaban esa doctrina de todo corazón; en aquella época, y durante siglos posteriormente, el lenguaje de algunos escritores espirituales era difícil de acomodar a ella. Y creo que a lo largo de la Edad Media persistió un desacuerdo sin solucionar entre los elementos de su religión que tendían a una concepción antropocéntrica y los elementos del Modelo que atribuían al hombre el carácter de criatura marginal, casi secundaria, como veremos.

Por lo demás, creo que Calcidio es un cristiano que escribe filosóficamente. Las que aceptaba como cuestiones de fe quedaban excluidas, como tales, de su tesis. Por esa razón, los autores bíblicos podían aparecer en su obra como autores eminentes, pero que no debían considerarse como los «oráculos de Dios». Eso habría sido contrario a las reglas del arte: podía ser un purista metodológico, como veremos más adelante. Estoy convencido de que no se daba cuenta de la profunda discrepancia que había entre su Trinidad neoplatónica y la doctrina plenamente cristiana.

Al traducir tantos elementos del *Timeo* y transmitirlos así a los siglos en que poco más se conocía de Platón, Calcidio fijó lo que el nombre de Platón iba a representar a lo largo de la Edad Media. El Timeo no tenía nada del misticismo erótico que encontramos en el *Banquete* o en el *Fedro* y casi nada de su política. Y, aunque sus Ideas (o Formas) aparecen citadas, no se ve el auténtico lugar que ocupan en la teoría del conocimiento de Platón. Para Calcidio se convirtieron en «ideas» casi en el sentido moderno; pensamientos en la mente de Dios.[16] Así, resultó que, para la Edad Media, Platón no fue el lógico,

---

[15] LXXVI, p. 144.
[16] CCCIV, p. 333.

ni el filósofo del amor, ni el autor de la República. Fue (con lo que resultaba próximo a Moisés) el gran cosmólogo monoteísta, el filósofo de la creación; y, por esa razón, paradójicamente, el filósofo de aquella naturaleza que el Platón real tanto había despreciado. En ese sentido, Calcidio proporcionó inconscientemente una corrección al *contemptus mundi* inherente tanto al neoplatonismo como al cristianismo primitivo. Posteriormente iba a resultar fructífero.

Así como su elección del *Timeo* fue trascendental, así también lo fue el tratamiento que le dio. Su principio expreso de interpretación es tal, que hace que un autor esté más expuesto a que se lo desfigure cuanto más se lo venere. En los pasajes difíciles, sostiene, debemos atribuir siempre a Platón cualquier sentido que parezca «el más digno de la sabiduría de una autoridad tan grande»;[17] lo que inevitablemente significa que se leerán en él todas las ideas dominantes de la época del comentador.

Platón dijo claramente (42^b) que las almas de los hombres malos podrían reencarnarse como mujeres y, si aquello no las mejoraba, finalmente como animales. Quería decir simplemente que, en esta vida, al satisfacer las pasiones, nos vamos volviendo cada vez más como animales.[18]

En el *Timeo* (40^d-41^a), Platón, después de haber descrito cómo creó Dios a los dioses –no los mitológicos, sino aquellos en los que creía realmente, las estrellas vivas– se pregunta qué hay que decir del panteón popular. En primer lugar, los degrada del rango de dioses al de demonios. Después, con palabras casi con toda seguridad irónicas, se niega a aceptar ningún otro tipo de discusión sobre ellos. Se trata, dice, de «una tarea que supera mis capacidades. Hemos de aceptar lo que sobre ellos dijeron nuestros antepasados, quienes, de acuerdo con sus propias palabras, eran sus auténticos descendientes. ¡No hay duda de que debían de estar bien informados sobre sus progenitores! ¿Y quién podría dejar de creer en los hijos de los dioses?». Calcidio toma todo eso *au pied de la lettre*. Al decirnos que creamos a nuestros antecesores, Platón nos está recordando que la *credulitas* debe preceder a cualquier tipo de instrucción. Y, según Calcidio, si se niega a discutir de forma más profunda la naturaleza de los demonios, no

---

[17] CCCII, p. 330.
[18] CXCVIII, p. 240.

es porque pensase que ese tema no fuera una cuestión filosófica. Lo que sugiere como razón auténtica para ello revela la disposición a la pedantería metodológica que le he atribuido. Platón, dice, escribe en este caso como filósofo de la naturaleza y habría sido *inconveniens*, habría sido impropio decir algo más sobre los demonios. La demonología pertenece a una disciplina más eminente llamada *epoptica* (un *epoptes* era quien había recibido la iniciación en los misterios).[19]

Una referencia muy breve a los sueños en el original (45ᶜ) da lugar a siete capítulos sobre ellos en el comentario. Tienen interés por dos razones. En primer lugar, incluyen[20] una traducción del apartado 571ᵉ de la *República* y de esa forma transmiten, siglos antes de Freud, la doctrina de Platón, que es un precedente de la freudiana, del sueño como expresión de un deseo inhibido. Banquo la conocía.[21] En segundo lugar, arrojan luz sobre un pasaje de la obra de Chaucer. Calcidio enumera los tipos de sueños y su lista no coincide exactamente con la clasificación, mejor conocida, de Macrobio. No obstante, incluye la *revelatio*, tipo documentado en la *Hebraica philosophia*.[22] Recuérdese que Chaucer, en *Hous of Fame*, aunque en todo el resto reproduce la clasificación de Macrobio, añade un tipo más, la *revelacioun*. No hay duda de que procedía, aunque quizás indirectamente, de Calcidio.

En la obra de Calcidio la astronomía todavía no había adquirido su forma plenamente medieval. Como todos los demás autores, declara que la Tierra es infinitamente pequeña de acuerdo con los patrones cósmicos,[23] pero el número de los planetas era todavía dudoso.[24] Tampoco estaban fijados todavía sus nombres. Da (con lo que coincide con el *De Mundo* aristotélico) el de *Phaenon* a Saturno, el de *Phaeton* a Júpiter, el de *Pyrois* a Marte, el de *Stilbon* a Mercurio y el de *Lucifer* o *Hesperus* a Venus. Sostiene también que «los diferentes y múltiples movimientos de los planetas son la auténtica causa (*auctoritatem dedit*)[25] de todos los efectos que ahora se producen». Todo lo que se padece

---

[19] CXXVII, p. 191.
[20] CCLIII, p. 285.
[21] *Macbeth*, II, i, 7.
[22] CCL VI, p. 289.
[23] LIX, p. 127.
[24] LXXIII, p. 141.
[25] LXXV, p. 143.

(*cunctae passiones*)[26] en este mundo mutable situado por debajo de la Luna tiene su origen en ellos. Pero tiene la precaución de añadir que dicha influencia ejercida sobre nosotros no constituye en absoluto el objetivo a que deben su existencia. Es un simple subproducto. Siguen el curso apropiado a su beatitud y nuestros asuntos contingentes imitan esa bienaventuranza de la forma imperfecta que les es propia. Así, para Calcidio, el universo geocéntrico no es antropocéntrico en lo más mínimo. Si, a pesar de todo, preguntamos por qué ocupa la Tierra un lugar central, la respuesta que nos da es muy sorprendente. Está situada así para que la danza celeste pueda disponer de un centro en torno al cual girar: de hecho, como una comodidad estética para los seres celestes. Quizá porque su universo está ya habitado tan bien y de forma tan radiante sea por lo que Calcidio, aunque cita[27] la doctrina pitagórica (que poblaba la Luna y otros planetas con seres mortales), no siente interés por ella.

Nada parecerá más extraño a un hombre moderno que la serie de capítulos que Calcidio titula «Sobre la utilidad de la vista y del oído». Para él, el primer valor de la vista es su «valor para la supervivencia». Lo importante es que la vista engendra la filosofía. Pues, «ningún hombre buscaría a Dios ni aspiraría a la piedad, a no ser que primero hubiera visto el cielo y las estrellas».[28] Dios dio ojos a los hombres para que pudiesen observar «la rueda de los movimientos de la mente y de la providencia en el cielo» y así, con los movimientos de sus propias almas, imitar lo más fielmente posible esa sabiduría, serenidad y paz.[29] Esto es Platón puro (del *Timeo* 471[b]), aunque apenas sea el Platón que solemos estudiar con mayor frecuencia en una universidad moderna. Las operaciones originales del alma están en relación con los ritmos y los modos. Pero, esa relación desaparece en el alma de la mayoría de los hombres a causa de su unión con el cuerpo y, por esa razón, las almas de la mayoría de los hombres están desacompasadas. El remedio para eso es la música: «no esa clase que deleita al vulgo…, sino la música divina que nunca se aleja del entendimiento y de la razón».[30]

---

[26] LXXVI, p. 144.
[27] CC, p. 241.
[28] CCLXIV, p. 296.
[29] CCLXV, p. 296.
[30] CCLXVII, p. 298.

Aunque Calcidio había ideado una explicación para la aversión que sentía Platón por el tema de los demonios, no siguió su ejemplo. Su descripción de ellos difiere en algunos aspectos de la dada por Apuleyo. Rechaza la creencia pitagórica o empedocleana de que los muertos se vuelven demonios;[31] para él, todos los demonios constituyen una especie distinta, y da el nombre de demonios tanto a las criaturas etéreas como a las aéreas, de las primeras de las cuales dice que son las que «los hebreos llaman ángeles».[32] Pero coincide absolutamente con Apuleyo al afirmar el principio de plenitud y el de la tríada. El éter y el aire, como la Tierra, deben estar habitados «para que ninguna región permanezca vacía»,[33] «para que la pedección del universo no cojee por ningún lado».[34] Y, puesto que existen criaturas estelares, celestes, inmortales y divinas y también criaturas perecederas, terrestres, mortales y temporales, «es inevitable que, entre ellas, exista algo intermedio, que conecte los extremos, como vemos en la armonía».[35] No podemos dudar de que la voz que enunciaba las prohibiciones a Sócrates procedía de Dios; pero podemos estar igualmente seguros de que no era la voz de Dios en persona. Entre el Dios puramente inteligible y el Sócrates corpóreo y terrestre no podía haber *conciliatio* inmediata. Dios le hablaba a través de algún ser intermediario.[36] Puede parecer que, con respecto a eso, estemos moviéndonos en un mundo completamente extraño al cristiano, pero encontraremos afirmaciones semejantes a esta de Calcidio en autores cuyo cristianismo nunca se ha puesto en duda.

Hasta aquí Calcidio se mueve en un terreno común a Apuleyo. Después, pasa a otra aplicación de la tríada. La tríada cósmica puede considerarse no solo como una armonía, sino también como una comunidad política, como una tríada de soberano, poder ejecutivo y súbditos; los poderes estelares dan órdenes, los seres angélicos imponen su cumplimiento y los terrestres las obedecen.[37] Más adelante, siguiendo al *Timeo* y a la *República* (441^d-442^d), encuentra el mismo

---

[31] CXXXVI, p. 198.
[32] CXXXII, p. 195.
[33] CXXX, p. 193.
[34] CXXXVII, p. 199.
[35] CXXXI, p. 194.
[36] CCL V, p. 288.
[37] CXXXII, p. 269.

MATERIALES SELECCIONADOS: EL PERÍODO FECUNDADOR

modelo triádico en el estado ideal y en el individuo humano. En su ciudad imaginaria, Platón asignó las partes más altas a los gobernantes filósofos, que daban las órdenes. Tras ellos venía la casta de los guerreros, que imponía su cumplimiento. Por último, la gente del común obedecía. Así ocurre igualmente en cada hombre. La parte racional vive en la ciudadela del cuerpo (*capitolium*), es decir, en la cabeza. En el campamento o cuarteles (*castra*) del pecho, como un guerrero, tiene su puesto la «energía que se parece a la cólera», la que hace que un hombre sea valiente. Las pasiones, que corresponden a los hombres comunes, se localizan en el abdomen, por debajo de las dos anteriores.[38]

Como veremos, su concepción triádica de la salud psicológica refleja bien la idea griega bien la medieval de la educación adecuada para un hombre libre o caballero. No se puede dejar que la razón y las pasiones queden enfrentadas a través de un *no man's land*. Un sentimiento aprendido de honor o caballería ha de constituir el «intermedio» que las una y complete al hombre civilizado. Pero es igualmente importante por sus connotaciones civilizadas. Estas últimas las desarrolló, siglos después, Alain de Lille, en el magnífico pasaje en que compara el conjunto de las cosas a una ciudad. En el castillo central, en el Empíreo, está el emperador sentado en un trono. En los cielos inferiores vive la caballería angélica. Nosotros, los de la Tierra, estamos «fuera de la muralla de la ciudad».[39] ¿Cómo, nos preguntamos, puede el Empíreo ser el centro, cuando está no solo dentro, sino también fuera de la circunferencia del conjunto del universo? Porque, como iba a decir Dante con mayor claridad que nadie, el orden espacial es el opuesto del espiritual y el cosmos material refleja como un espejo y, por tanto, invierte la realidad, de forma que lo que en realidad es el borde a nosotros nos parece el eje.

Alain añadió la exquisita pincelada que niega a los de nuestra especie hasta la trágica dignidad de estar desterrados, al convertirlos en meros habitantes de las afueras. En los demás aspectos, reproduce la concepción de Calcidio. Nosotros contemplamos «el espectáculo de la danza celeste»[40] desde nuestros confines exteriores. Nuestro ma-

[38] *Ibid.*
[39] *De Planctu Naturae, Prosa*, III, 108 y ss. en *Wright, Anglo-Latin Satírical Poets.*
[40] Calcidio, LXV, p. 132.

yor privilegio consiste en imitar dicho espectáculo en la medida de lo posible. El Modelo medieval es, si se nos permite usar esta palabra, antropoperiférico. Somos criaturas marginales.

Calcidio transmitió algo más que el *Timeo*. Cita a veces con relativa extensión, textos de *Gritón*, de *Epinomis*, de *Las leyes*, de *Parménides*, de Fedón, de *Fedro*, de la *República*, del *Sofista* y de *Teetetes*. Conocía a Aristóteles, pero sentía poco del respeto que posteriormente se sintió hacia él. Aristóteles había pasado por alto todas excepto una de las clases de sueños «con su habitual descuido desdeñoso» (*more quodam suo... fastidiosa incuria*).[41] No obstante, lo cita y comenta con mayor respeto, cuando afirma que la materia, aun no siendo congénitamente mala, por ser la potencialidad de todos los cuerpos particulares, está condenada a la privación (στέρησις, *carentia*) de la Forma[42] (aunque lógicamente sea distinta de ella). Esa es la razón por la que la materia anhela su perfeccionamiento o embellecimiento (*illustratio*), de igual forma que la hembra desea al macho.[43]

La influencia de Calcidio produjo sus resultados más ricos en los poetas latinos del siglo XIII relacionados con la escuela de Chartres, los cuales contribuyeron, a su vez, a inspirar a Jean de Meung y a Chaucer. La dama Natura, procedente de Estacio y Claudiano, y la cosmogonía de Calcidio pueden considerarse parientes del *De Mundi Universitate* de Bernardo Silvestre. Su femenina *Noys* (νοῦς, *Providentia*), extrañamente presentada en el lugar en que esperaríamos encontrar a la Segunda Persona de la Trinidad cristiana, revela su abolengo de forma inconfundible; y quizá no deba tanto su género a arquetipo jungiano alguno, cuanto al género de *Providentia* en latín. También en Calcidio encontramos la probable explicación del misterioso jardín llamado *Granusion*,[44] en el que las Urania y Natura de Bernardo entran al descender a la Tierra. Calcidio había distinguido no solo el éter del aire, sino también un aire superior de otro inferior, y este último, el que los hombres pueden respirar, es una sustancia húmeda, *umecta substantia*, «que los griegos llaman *hygran usian*».[45] Bernardo no sabía griego y el (para él incomprensible) *hy-*

---

[41] CCL, p. 284.
[42] CCLXXXVI, pp. 316 y ss. Cf. Aristóteles, *Física*, 192ª.
[43] Calcidio, p. 137.
[44] 11, ix, p. 52.
[45] Calcidio, CXXIX, p. 193.

granusian, quizá dentro de un texto corrompido, se convirtió en el nombre propio *Granusion.* En el sucesor de Bernardo, Alain de Lille, encontramos un encadenamiento igualmente apretado. En su *Anticlaudiano*[46] nos dice que el alma va fijada al cuerpo *gumphis subtilibus,* «por medio de grapas diminutas». Podemos sonreír ante la rareza (casi «metafísica») de esa imagen, que, en caso de ser intencionada, sería totalmente característica de Alain. En realidad, lo que hace es seguir exactamente a Calcidio,[47] el cual sigue fielmente a Platón;[48] y puede ser que ni siquiera supiese claramente lo que era una *gumphus.* Estas menudencias merecen citarse solamente como ejemplos de la fidelidad con que siguieron a Calcidio sus discípulos, los poetas de Chartres. La importancia de dichos discípulos, en el vigor, el gusto y la vivacidad de su respuesta y en el papel que desempeñaron a la hora de recomendar determinadas imágenes y actitudes a los autores vernáculos.

B. MACROBIO

Macrobio vivió a finales del siglo IV y principios del V. También su religión se ha puesto en duda, pero no parece haber razones sólidas para suponer que no fuese el paganismo. No obstante, perteneció a un círculo en que cristianos y paganos podían mezclarse con libertad. El cristiano Albino y el gran paladín pagano, Símaco el Viejo, figuraban entre sus amigos. De sus dos obras, la *Saturnalia,* obra dialogada, extensa, culta, refinada y llena de divagaciones, no nos interesa. Lo que nos interesa es su comentario[49] sobre el *Somnium Scipionis.* Este, y el texto que lo acompañaba, salvó esa parte de la *República* de Cicerón para nosotros. Se han conservado casi cincuenta manuscritos; fue una obra de inmensa fama e influencia duradera.

Al tratar de geografía, Macrobio repite la doctrina de Cicerón de las cinco zonas. Hay razones para suponer que la zona templada del sur está habitada, como la nuestra, «pero nunca hemos tenido, ni tendremos, la posibilidad de descubrir por quién». Macrobio todavía

---

[46] Wright, op. cit., VII, il, 4, p. 384.
[47] CCIII, p. 243.
[48] *Timeo,* 43ª.
[49] Trad. de W. H. Stahl, *Macrobius: On the Dream of Scipio* (Columbia, 1952).

considera necesario (para la Edad Media no lo habría sido) disipar una mala interpretación infantil de lo que llamamos gravedad. No hay peligro de que los habitantes del hemisferio sur caigan en el cielo inferior; tanto en su caso como en el nuestro, la superficie de la Tierra está «abajo» (II, v). El océano ocupa la mayor parte de la zona tórrida; dos grandes brazos procedentes de él por el este y dos por el oeste fluyen, hacia el norte y hacia el sur, hasta los polos. A consecuencia del encuentro de sus corrientes se producen las mareas. Así, pues, la tierra firme cae dentro de cuatro grandes divisiones. Indudablemente, una de ellas es la gran porción de tierra firme de Europa, Asia y África (II, ix). Una versión gráfica simplificada de ese plan sobrevive en los «mapas circulares» posteriores. Así como, en el sentido del espacio, estamos incomunicados con respecto a los antípodas, así también estamos casi incomunicados, en el del tiempo, con respecto al pasado. Con frecuencia, la raza humana ha quedado casi destruida por grandes catástrofes globales; casi, porque siempre ha quedado un residuo. Egipto nunca ha resultado destruido; a ello se debe que los anales egipcios se remonten a una antigüedad desconocida en todos los demás sitios (II, x). Esa idea procede del *Timeo* de Platón (21^a-23^b), que, a su vez, pudo sugerir la deliciosa historia que cuenta Herodoto (II, 143): Hecateo el historiador, al visitar la Tebas egipcia, se jactó de que descendía de un dios de la decimosexta generación, lo que lo remontaba a un período anterior a cualquier testimonio griego. Entonces, los sacerdotes lo condujeron a un gran salón donde estaban colocadas las estatuas de quienes habían profesado el sacerdocio hereditario y siguieron la descendencia hacia atrás, de hijo a padre; cuando habían llegado a la 145.ª generación, todavía no habían visto ningún dios o semidiós siquiera. Eso refleja la diferencia real entre la historia griega y la egipcia.

Así, aunque en la mayoría de las partes de la Tierra la civilización es siempre relativamente reciente, el universo ha existido siempre (II, x). Aunque Macrobio describe su formación en términos que suponen la idea de tiempo, debemos considerarlo como una simple convención lingüística. Lo más puro y más limitado (*liquidissimum*) se alzó hasta el lugar más alto y recibió el nombre de éter. Lo que tenía menos pureza y menor peso se convirtió en el aire y se introdujo en el segundo nivel. Lo que todavía tenía cierta fluidez, pero también suficiente densidad (*corpulentum*) como para ofrecer resistencia al tacto, se acumuló en la corriente de agua. Por último, del desorden total de la materia se separó todo lo indómito (*vastum*) para purificar a los (demás) elementos (*ex defaecatis abrasum elementis*) y calló y se sentó en el punto más bajo, sumergido en un frío envolvente e inacabable (FXXII). En realidad, la Tierra constituye los «deshechos de la creación», el basurero cósmico. Este pasaje puede aclarar también uno de Milton. En *Paradise Lost*, VII, el Hijo acaba de señalar la zona esférica del universo con su compás de oro, cuando el espíritu de Dios

> *downward purg'd*
> *The black tartareous cold infernal dregs.*[50] (237)

La interpretación que da Verity es que Dios expulsó los desperdicios de la zona esférica, con lo que los precipitó «hacia abajo», en el Caos, el cual en la obra de Milton, en determinadas ocasiones, consta de un arriba y un abajo absolutos. Pero «hacia abajo» puede perfectamente significar hacia el centro de la esfera cósmica, y en ese caso *dregs* («escorias, desperdicios») coincidiría exactamente con la concepción de Macrobio.

A un lector moderno lo que dice Macrobio a propósito de los sueños (I, II) puede no parecerle un punto importante de su comentario; la Edad Media no debió de tener la misma opinión, pues es indudable que a ese pasaje debe su autor el título de *Ornicensis* u *Onocresius*, de que va seguido su nombre en algunos manuscritos con la aclaración *quasi somniorum iudex* o *somniorum interpres*: ambas palabras serían interpretaciones de ὀνειρχροχρίτης. Su esquema deriva de la *Oneirocritica* de Artemidoro (siglo I d. de C.). De acuerdo con él, existen cinco clases de sueños, tres verídicos y dos que carecen de «presagio» (*nihil divinationis*). Los verídicos son los siguientes:

1. *Somnium* (ὄνειρος). Este nos revela verdades ocultas en forma alegórica. Un ejemplo sería el sueño del faraón sobre las vacas gordas y flacas. Todos los poemas alegóricos de la Edad Media son ejemplos de somnia. Los psicólogos modernos consideran que casi todos los sueños son *somnia*, y *somnium* es el *dreem de Hous üf Fame* de Chaucer, I, 9.

---

[50] «Hacia abajo purgó las escorias negras, tárticas, frías e infernales.»

2. *Visio* (ὅραμα). Este es una pre-visión literal y directa del futuro. La obra de Dunne *Experiment with Time* trata principalmente de visiones. Este tipo aparece como *avisioun* en la obra de Chaucer (I, 7).
   - Hacia abajo purgó las escorias negras, tartáricas, fáas e infernales.
3. *Oraculum* (χρηματισμός). En este se aparece uno de los padres del que sueña o «alguna otra persona seria y venerable» y declara abiertamente el futuro o da consejo. Los *oracles* («oráculos») de Chaucer pertenecen a este tipo de sueños (op. cit., I, 11).

Los que carecen de utilidad son:

1. *Insomnium* (ἐνύπνιον). Lo único que hace este es repetir las preocupaciones sobre el trabajo: *the carter dremeth how his cartes goon* («el carretero sueña con la marcha de sus carros»), como dice Chaucer (*Parlement*, 102).
2. *Visum* (φάντασμα). Este se produce cuando, sin estar todavía completamente dormidos y creyéndonos todavía despiertos, vemos fantasmas que se abalanzan hacia nosotros o que revolotean de un lado para otro. En esta clase va incluida la pesadilla o *Epialtes*. El fantom de Chaucer es indudablemente un *visum* (*Hous of Fame*, I, 11) y su *sweven* probablemente sea un *insomnium*. Eso es más probable que la otra posible ecuación (*dreem* por *visum* y *sweven* por *somnium*), en vista del desprecio con que Dame Partelote habla de *swevenes* («somnolencia») en B 4111-13; era una muchacha bien educada, sabía física y conocía los *Dísticos* de Dionisio Catón.

Un sueño puede combinar las características de más de una clase. El sueño de Escipión es un *oraculum*, porque en él aparece una persona venerable para predecir y aconsejar; una visio, porque revela verdades auténticas sobre las regiones celestiales; un *somnium*, porque su significado más profundo, su *altitudo*, permanece oculto. Ahora hemos de tratar de dicha *altitudo*.

Como hemos visto, Cicerón imaginó un cielo para estadistas. No cree que haya nada más elevado que la vida pública y las virtudes que dicha vida exige. Macrobio aporta al lector de Cicerón un punto de vista completamente diferente: el de la teología mística y ascética del neoplatonismo, que renuncia al mundo. Para él, el centro de interés reside en la purgación del alma, el ascenso «del solitario hacia el solitario», y nada podía ser más ajeno a la mentalidad de Cicerón.

Encontramos muy pronto ese cambio de atmósfera espiritual en su comentario. Se podía atacar el *somnium* fingido de Cicerón, como se había atacado la visión de Er por parte de Platón, basándose en que ninguna clase de literatura imaginaria es apropiada para un filósofo. Macrobio responde distinguiendo dos tipos de *figmentum*: (1) aquel en que todo es fingido, como en una comedia de Menandro. Ningún filósofo usaría este. (2) Aquel en que la mente del lector se ve estimulada a observar alguna forma (o apariencia) de virtudes (o poderes): *ad quandam virtutum speciem*. Este puede subdividirse en (2A) y (2B). En (2A) la historia completa es inventada, como en el caso de las fábulas de Esopo; pero en (2B) «el argumento está basado en una verdad unánime, pero dicha verdad se expone mediante invenciones». Ejemplos son las historias sobre los dioses que figuran en Hesíodo u Orfeo (que naturalmente Macrobio interpretó alegóricamente). En este caso el conocimiento de las cosas sagradas aparece oculto bajo «un pío velo de invenciones». Este último es el único que admite la filosofía. Pero, nótese bien: ni siquiera admite todos sus temas. Así, tratará del alma o de los seres aéreos o etéreos o de «los otros dioses». Pero el permiso para inventar no pasa de ahí. La filosofía nunca usaría este método, al hablar «de Dios, la primera, y más sublime de las cosas, que los griegos llaman τἀγαθὸν (lo Bueno) y πρῶτον αἴτιον (la Causa Primera), o de la Mente, que los griegos llaman νοῦς, la cual es el fruto y cortejo del Todopoderoso, donde habitan las formas arquetípicas de las cosas que reciben el nombre de Ideas» (1, ii). Vemos en este texto un abismo entre los seres divinos y las simples criaturas (por eminentes que estas sean), trascendencia absoluta, que el paganismo primitivo, y especialmente el paganismo romano, nunca había imaginado. En ese sistema la palabra dioses no es simplemente el plural de Dios; existe una diferencia de género, incluso de inconmensurabilidad; entre ellas, como la que también existe entre la «beatitud» de las «cosas sagradas, (*saora*) representadas en Orfeo o Hesíodo y esa Beatitud que Macrobio, aunque no use la palabra, siente de forma tan patente, cuando piensa en la Causa primera. En su caso el paganismo se vuelve religioso en sentido pleno: tanto la mitología como la filosofía han quedado transmutadas en teología.

Naturalmente, el Dios y la Mente citados en el párrafo anterior son los dos primeros miembros (¿o personas? ¿o momentos?) de esa Trinidad neoplatónica que es a un tiempo tan parecida y tan diferente de la cristiana. Dios de *se Mentem creavit*, creó la Mente de Sí Mismo. No sería prudente para un cristiano atribuir a *creavit* un sentido que pudiera oponerse a «engendró». Las palabras «de Sí Mismo» impiden la distinción de Nicea («engendrado no creado») y creare en latín se usa libremente para referirse a la procreación sexual. Esa *Mens* es el *Nous* de Bernardo Silvestre. Tan pronto como Macrobio empieza a describir la *Mens*, revela una profunda diferencia entre neoplatonismo y cristianismo. «En la medida en que la *Mens* contempla a su padre, preserva la apariencia íntegra de su autor; pero, cuando se vuelve para mirar las cosas que están detrás de ella, crea de sí misma el *Anima*, el Alma» (I, xiv). La Segunda Persona de la Trinidad cristiana es el Creador, la sabiduría providente y la voluntad creativa del Padre en acción. La idea de que Aquel dejó de estar tan unido al Padre o se separó de Él, al crear, sería incompatible con la teología cristiana. Por otra parte, en el caso de la *Mens* la creación es casi una especie de flaqueza. Al crear, pierde parte de su semejanza con Dios, desciende a la creación exclusivamente porque aparta la mirada de su origen y mira hacia atrás. El próximo paso es el mismo. Mientras el *anima* mantiene fija su atención en la *Mens*, se infunde la naturaleza de esta última; pero, gradualmente, a medida que su contemplación se retira, desciende (*degenerat*), a pesar de ser incorpórea, hasta la creación de los cuerpos. Así es como nace la Naturaleza. De esa forma, desde el principio mismo, donde el cristianismo ve creación el neoplatonismo ve, si no exactamente una caída, por lo menos una serie de descensos, de disminuciones, casi de flaquezas. El universo pasa, como si dijéramos, a existir en los momentos (pues solamente podemos hablar con lenguaje temporal) en que la Mente no está «sirviendo» perfectamente a Dios, ni el Alma a la Mente. No obstante, no debemos exagerar este aspecto. Aun en esas condiciones, la gloria (fulgor) de Dios ilumina el mundo entero «de igual forma que un rostro ocupa muchos espejos colocados en la forma apropiada». Dante usa esa misma imagen en Paradiso, XXIX, 144-5.

Supongo que todo eso debió de interesar muy poco a Cicerón; lo que es cierto es que Macrobio, sumido en tales pensamientos, no podía satisfacerse con una ética y una escatología centradas en la vida cívica. En este caso se produce uno de esos sorprendentes *tours de force* a que se ve conducido el sincretismo por su determinación a encontrar en todos los textos antiguos lo que su época aceptaba como saber. Cicerón, al explicar su cielo para estadistas, había dicho: «Nada –por lo menos nada de lo que ocurre en la Tierra (*quod quidem in terris fiat*)– es más agradable a Dios que esas reuniones y comunidades de hombres unidos por la ley que llamamos naciones» (*Somnium*, xiii). No estoy seguro de lo que podría querer decir Cicerón con esa salvedad entre paréntesis; probablemente quería distinguir los asuntos terrenales de los movimientos de los cuerpos celestes, que indudablemente debía de tener en más alto precio. Pero Macrobio (I, viii) considera ese paréntesis como la forma en que Cicerón hacía sitio para todo un sistema ético que probablemente el propio Cicerón habría desechado enérgicamente; un sistema religioso, no secular; individual, no social; interesado por la vida interior, no por la exterior. Acepta la clásica división en cuatro virtudes: prudencia, templanza, fortaleza y justicia. Pero añade que todas ellas existen en cuatro niveles diferentes y en cada nivel sus nombres tienen significados diferentes. En el nivel más bajo, o político, significan lo que sería de esperar según nuestro punto de vista. El siguiente nivel es el del purgatorio. En él, la prudencia significa «contemplar los asuntos divinos con desprecio hacia el mundo y todo lo que contiene»; la templanza, «renunciar, hasta donde lo permita la naturaleza, a todas las cosas que el cuerpo requiere»; y la justicia, aceptar la práctica de todas las virtudes como único camino para el bien. En ese nivel, la fortaleza no es tan fácil de comprender. Prescribe «que el alma no se aterrorice, cuando, conducida por la filosofía, se retire en cierto sentido del cuerpo, y que no se estremezca en lo alto del ascenso perfecto». Esto está basado en el *Fedón*, 81[a-d]. En el tercer nivel, que es el de las almas ya purificadas, la prudencia ya no significa preferir las cosas divinas, sino no tener en cuenta lo más mínimo otra alguna. La templanza significa, no negar, sino olvidar enteramente los deseos terrenales. La fortaleza significa, no conquistar las pasiones, sino ignorar su existencia misma; y la justicia, «estar tan vinculado a esa Mente excelsa y divina, que guarde uno un pacto inviolable con ella al imitarla». Queda el cuarto nivel. Dentro de la propia *Mens* o νοῦς habitan las cuatro virtudes arquetípicas (virtutes exemplares), las formas trascendentales, cuyas sombras son las cuatro situadas en los niveles inferiores. Al parecer, Cicerón escribió las cinco palabras *quod quidem in terris fiat* para hacer un sitio a todo eso.

Como Cicerón, Macrobio cree que el alma puede regresar al cielo, porque procede de él,[51] que el cuerpo es la tumba del alma,[52] que el alma es el hombre[53] y que cualquier estrella concreta es mayor que la Tierra.[54] No obstante, a diferencia de la mayoría de las autoridades, niega que las estrellas produzcan acontecimientos terrestres, aunque, gracias a sus posiciones relativas, nos permitan predecirlos.

C. PSEUDO-DIONISIO

En la Edad Media se atribuyeron cuatro libros (*Las jerarquías celestiales*, *Las jerarquías eclesiásticas*, *Los nombres divinos* y la *Teología mística*) a aquel Dionisio que se convirtió al escuchar la alocución de san Pablo al Areópago.[55] Dicha atribución se impugnó en el siglo XVI. Se cree que el auténtico autor vivió en Siria y debió de escribir algo antes del año 553, cuando sus obras aparecen citadas en el concilio de Constantinopla. La traducción al latín se debe a Juan Escoto Eriugena, quien murió hacia el año 870.

Sus obras suelen considerarse como el conducto principal por el que la tradición occidental entró en contacto con un tipo determinado de teología. Se trata de la «teología negativa» de quienes interpretan en sentido más estricto e insisten con mayor firmeza que otros en el carácter incomprensible de Dios. Tenía ya poderosas raíces en el propio Platón, como vemos en la *República* (509[b]) y en la Segunda Epístola[56] (312[e]-313[a]) y constituye un aspecto central de la obra de Plotino. El ejemplo más representativo en inglés es *The Cloud of Unknowing*. Es posible que algunos teólogos protestantes alemanes de

---

[51] I, ix.
[52] II, xii. Este es, a medias, un antiguo juego de palabras griego entre σῶμα y σῆμα.
[53] II, xii.
[54] I, xvi.
[55] *Actos*, xvii, 34.
[56] No se ha podido determinar con seguridad quién es su autor.

nuestra época, y algunos existencialistas teístas, presenten una remota afinidad con ella.

Pero eso, a pesar de ser lo más importante de la obra de Dionisio, no es lo que nos interesa. Su contribución al Modelo fue su angelología, razón por la cual podemos limitar nuestra atención a sus *Jerarquías celestiales*.[57]

Nuestro autor difiere de todas las autoridades anteriores y de algunas posteriores al declarar que los ángeles son mentes (*mentes*) puras, no encarnadas. Sin lugar a dudas, en el arte aparecen representados como corpóreos *pro captu nostro*, como una concesión a nuestra capacidad (i). Y ese simbolismo, añade, no los degrada, «pues incluso la materia, por deber su existencia a la Belleza auténtica, presenta en la configuración de todas sus partes algunos vestigios de belleza y dignidad» (ii). Podemos considerar esta afirmación, en un libro que llegó a tener tan gran autoridad, como prueba de que las personas cultas de la Edad Media nunca creyeron que los hombres alados que representan a los ángeles en la pintura y la escultura fuesen otra cosa que símbolos.

La disposición por Pseudo-Dionisio de las criaturas angélicas en lo que Spencer llama sus «triplicidades trinas» en tres Jerarquías, cada una de ellas compuesta de tres especies, fue la que finalmente aceptó la Iglesia.[58]

La primera jerarquía consta de tres clases: serafines, querubines y tronos. Estas son las criaturas más próximas a Dios. Están frente a él ἀμέσως, *nullius. interiectu*, sin nada por medio, rodeándolo con su danza incesante. Nuestro autor asocia los nombres de serafines y tronos con las ideas de calor o ardor, característica bien conocida de los poetas. De ahí que el *somnour* de Chaucer tuviese una *fyr-reed cherubinnes face* («cara de querubín roja como el fuego»)[59] y que no fuese solo por razones rítmicas por lo que Pope escribió: «el arrebatado serafín que adora y arde».[60]

La segunda jerarquía se compone de los χυριότητες o dominaciones, los ἐξουσίαι (*Potestates*, *Potentates*, o potestades) y los δυνάμεις; o

---

[57] *Sancti Dionysii… opera omnia… studio Petri Lanselii… Lutetiae Parisiorum* (MDCXV).
[58] Véase Dante, *Paradiso*, XXVIII, 133-5.
[59] *Canterbury Tales*, Prólogo, 624.
[60] *Essay on Man*, I, 278.

«virtudes». Esto último no significa excelencias morales, sino más que nada «eficacias», como cuando hablamos de las «virtudes» de un anillo mágico o de una planta medicinal.

La actividad de ambas jerarquías está dirigida hacia Dios; se mantienen, por decirlo así, con sus rostros dirigidos a él y dándonos la espalda a nosotros. En la jerarquía tercera e inferior encontramos, por fin, criaturas que tienen relación con los hombres. Consta de los principados (o principalidades o príncipes), los arcángeles y los ángeles. De forma que la palabra *ángel* es al mismo tiempo un nombre genérico para las nueve clases que componen las tres jerarquías y un nombre específico para la inferior.

Los principados son los guardianes y patrones de las naciones, de forma que la teología llama a Miguel «Príncipe de los Judíos» (ix). La fuente de eso en las Escrituras es Dan. xii, I. Si Dryden hubiese escrito su *Artúriada*, ahora se conocerían mejor esas criaturas, pues pensaba usarlas como sus *machines* («fuerzas sobrenaturales»).[61] Son los «ángeles presidentes de todas las provincias»[62] de Milton y los «guardianes provinciales»[63] de Thomas Browne. Las dos clases restantes, arcángeles y ángeles, son los «ángeles» de la tradición popular, los seres que «se aparecen» a los individuos humanos.

Realmente, son los únicos seres sobrenaturales que lo hacen, pues Pseudo-Dionisio está tan seguro como Platón o Apuleyo de que Dios se relaciona con el hombre exclusivamente a través de un «intermediario» y lee su propia filosofía en las Escrituras con tanta libertad como Calcidio había leído la suya en el *Timeo*. No puede negar que en el Antiguo Testamento parecen producirse teofanías, apariciones directas de Dios en persona a los patriarcas y a los profetas. Pero está completamente convencido de que nunca se producen. En realidad, esas visiones se producían por la mediación de seres celestiales, pero creados, «como si el orden de la ley divina exigiese que fuesen las criaturas de orden superior las que movieran hacia Dios a las de orden inferior» (iv). Una de sus concepciones fundamentales es la de que el orden de la ley divina así lo prescribe. Su Dios no hace directamente nada que puedan hacer los intermediarios; ya se trate de

---

[61] *Original... of Satire*, ed. W. P. Ker, vol. 11, pp. 34 y ss.
[62] *Paradise Regained*, I, 447.
[63] *Urn Burial*, V.

transferencia o de delegación, el principio universal es un descenso perfectamente graduado. El esplendor divino (*illustratio*) nos llega filtrado, como si dijéramos, a través de las jerarquías.

Eso explica por qué un mensaje tan grandioso como la Anunciación, aun dirigido a una persona tan eminente como María, lo llevó un ser angélico, y aun un mero arcángel, miembro de una penúltima clase inferior: «los primeros en conocer el divino misterio fueron los ángeles y a través de ellos nos llegó, después, la gracia de conocerlo» (iv). Con respecto a este punto, santo Tomás de Aquino citó, siglos después, a Pseudo-Dionisio y lo confirmó. Se hizo así (por varias razones, pero entre ellas) «para que, incluso en el caso de un asunto tan importante (*in hoc etiam*), el sistema (o regla ordinatio) por el cual las cosas divinas llegan hasta nosotros por mediación de los ángeles no quedara alterado».[64]

Mediante un *tour de force* comparable al que Macrobio realizó, cuando convirtió a Cicerón en un perfecto neoplatónico, nuestro autor encuentra confirmado su principio en Isa. vi, 3. En él aparecen los serafines gritándose unos a otros: «Santo, Santo, Santo». ¿Por qué unos a otros en lugar de al Señor? Evidentemente, porque cada ángel está transmitiendo incesantemente su conocimiento de Dios a los ángeles de rango inmediatamente contiguo al suyo. Naturalmente, se trata de un conocimiento transformador, no puramente especulativo. Cada uno fabrica para sus compañeros (*collegas*) «imágenes de Dios, espejos brillantes» (iii).

En la obra de Pseudo-Dionisio el universo en su conjunto se convierte en una fuga cuyo «tema» es la tríada (agente-intermediario-paciente). La creación angélica total es un intermediario entre Dios y el hombre, y ello en dos sentidos. Se trata de un intermediario dinámico, como ejecutivo de Dios. Pero también es un intermediario en el sentido en que lo es una lente, pues las jerarquías celestiales se nos revelan para que la jerarquía eclesiástica de la Tierra imite, lo más fielmente posible, «su servicio y oficio divinos» (i). Y no hay duda de que la segunda jerarquía es intermediaria entre la primera y la tercera, y en cada jerarquía la clase central es intermediaria, y cada ángel individual, como cada hombre individual, tiene facultades de gobierno, de intermediario y de obediencia.

---

[64] *Summa Theologica*, IIIª, Qu. XXX, Art. 2.

El espíritu de ese sistema, si bien no todos sus detalles, está muy presente en el Modelo medieval. Y, si el lector olvida su incredulidad y ejerce su imaginación sobre él, aunque solo sea por unos momentos, creo que comprenderá el vasto reajuste que supone una lectura penetrante de los poetas antiguos. Verá toda su visión del universo invertida. En el pensamiento moderno, es decir, evolucionista, el hombre ocupa la cima de una escalera cuyo pie se pierde en la oscuridad; en el que estamos estudiando ocupa el pie de una escalera cuya cima es invisible a causa de la luz. También entenderá que, aparte del genio individual (que intervino, por supuesto), hubo algo más que contribuyó a dar a los ángeles de Dante su incomparable majestad. Milton fracasó en el mismo intento. En la época de este último ya se había producido el clasicismo. Sus ángeles tienen demasiada anatomía y demasiadas armaduras, son demasiado parecidos a los dioses de Homero y Virgilio y (por esa razón precisamente) muchísimo menos parecidos a los dioses del paganismo en su más alto desarrollo religioso. Después de Milton, se produjo una degradación total, y, al final, llegamos a los ángeles del arte del siglo XIX con su carácter puramente consolador, femenino y acuoso.

D. BOECIO

Después de Plotino, Boecio (480-524) es el autor más importante del período fecundador y su *De Consolatione Philosophiae* fue durante siglos uno de los libros más influyentes escritos en latín en cualquier época. Se tradujo al antiguo alto alemán, al italiano, al español y al griego; al francés lo tradujo Jean de Meung; al inglés, Alfred, Chaucer, Isabel I y otros. Hasta hace doscientos años, creo que hubiera sido difícil encontrar hombre culto alguno en Europa que no lo amase. Aficionarse a él equivale a naturalizarse en la Edad Media.

Boecio, erudito y aristócrata, fue un ministro de Teodorico el Ostrogodo, el primer rey bárbaro de Italia y arriano de religión, aunque no persiguió a los cristianos. Como siempre, la palabra «bárbaro» puede dar lugar a confusiones. Aunque Teodorico era analfabeto, había pasado su juventud en la alta sociedad bizantina. En ciertos aspectos fue mejor gobernante que muchos emperadores romanos. Su reinado en Italia no fue una pura y simple monstruosidad, como habría sido en la Inglaterra del siglo xix el gobierno de Cheka o de Dingaan, por ejemplo. Era más que nada como si un comandante de las montañas (papista) –que hubiera conseguido un poco de educación y gusto por el clarete en el ejército francés– hubiese reinado sobre la Inglaterra protestante a medias y a medias católica de Johnson y Lord Chesterfield. Sin embargo, no es de extrañar que la aristocracia romana pronto empezase a intrigar en connivencia con el emperador de Oriente con la esperanza de librarse de aquel extranjero. A Boecio lo consideraron sospechoso, no sabemos si justificadamente o no. Lo encarcelaron en Pavía. Al poco tiempo, retorcieron cuerdas alrededor de su cabeza hasta sacarle los ojos y le dieron muerte con un garrote.

Entonces Boecio era cristiano indudablemente e incluso teólogo; sus demás obras llevan títulos como *De Trinitate* y *De Fide Catholica*. Pero la «filosofía» a la que recurrió en busca de «consuelo» a la hora de encararse con la muerte contiene pocos elementos explícitamente cristianos e incluso puede discutirse su compatibilidad con la doctrina cristiana. Esa paradoja ha provocado muchas hipótesis. Como las siguientes:

1. Que su cristianismo era superficial y se desvaneció al verse puesto a prueba, de forma que tuvo que recurrir a la ayuda que pudiera ofrecerle el neoplatonismo.
2. Que su cristianismo era sólido como una roca y su neoplatonismo un simple juego con el que se distrajo en su calabozo, de igual forma que otros prisioneros en casos semejantes han amaestrado una araña o una rata.
3. Que, en realidad, los ensayos teológicos no los escribió el mismo hombre.

Ninguna de esas teorías me parece necesaria. Aunque no hay duda de que escribió *De Consolatione* después de su caída en desgracia, estando exiliado y quizás arrestado, no creo que lo escribiese en un calabozo ni en la espera diaria del verdugo. Es cierto que en una ocasión habla del terror,[65] en otra se retrata a sí mismo como condenado a «muerte

---

[65] I Met. I, 5; p. 128 en el texto de Stewart y Rand con la trad. de I. P. (Loeb Library), 1908.

y proscripción»[66] y en otra *Philosophia* lo acusa de «temer el garrote y el hacha».[67] Pero el tono general del libro no concuerda con esas explosiones momentáneas. No es la obra de un prisionero que espera la muerte, sino la de un noble y estadista que se lamenta de su caída en desgracia: de verse exiliado,[68] perjudicado económicamente,[69] separado de su hermosa biblioteca,[70] despojado de sus dignidades oficiales, de que se vitupere su nombre escandalosamente.[71] Ese no es el lenguaje de los condenados a muerte. Y algunos de los «consuelos» que *Philosophia* le da serían burlas cómicamente crueles para un hombre en esa situación, como cuando le recuerda que el lugar que para él es exilio para otros es hogar,[72] o que muchos considerarían riqueza incluso esos restos de su propiedad que él ha conseguido salvar.[73] El consuelo que Boecio busca no lo provoca la muerte, sino la ruina. Puede ser que, cuando escribió su libro, supiese que su vida estaba en peligro. No creo que hubiese perdido las esperanzas. De hecho, al principio se queja de que la muerte olvida a los desventurados que morirían gustosos.[74]

Si hubiésemos preguntado a Boecio por qué contenía su libro consuelos filosóficos en lugar de religiosos, no me cabe la menor duda de que habría respondido: «¿Acaso no habéis leído el título? He escrito filosófica, no religiosamente, porque he escogido como tema los consuelos de la filosofía, no los de la religión. Igualmente podríais preguntar por qué un libro sobre aritmética no usa las operaciones geométricas». Aristóteles había dejado grabada en todos sus seguidores la distinción entre las disciplinas y la conveniencia de seguir en cada una de ellas su método apropiado.[75] La hemos visto puesta en práctica en la obra de Calcidio, y la argumentación de Boecio dirige nuestra atención hacia ella. Elogia a *Philosophia* por haber usado

---

[66] I Pros. IV, p. 152.
[67] II *Pros.* I, p. 172.
[68] I *Pros.* III, p. 138.
[69] II *Pros.* I, p. 172.
[70] I *Pros.* IV, p. 154.
[71] *Ibid.*
[72] II *Pros.* IV, p. 192.
[73] *Ibid.*
[74] *I Met.* I, 15, p. 128.
[75] Cf. *Etica a Nicómaco*, 1094[b], cap. 3.

«pruebas innatas y familiares», no «razones deducidas del exterior».[76] Es decir, se elogia a sí mismo por haber llegado a conclusiones aceptables para el cristianismo a partir de pruebas puramente filosóficas, como exigían las reglas de la disciplina. Por otro lado, cuando aquella saca a relucir las doctrinas del infierno y del purgatorio, el autor la obliga a detenerse: «pues no es misión nuestra ahora discutir esas cuestiones».[77]

Pero, ¿por qué, podemos preguntarnos, se impuso un autor cristiano esa limitación? Indudablemente, en parte porque conocía sus capacidades más auténticas. Pero podemos aducir otro motivo, probablemente menos consciente. Es prácticamente imposible que en aquel momento tuviese más presente la distinción entre cristiano y pagano que la que había entre romano y bárbaro, especialmente porque el bárbaro era al mismo tiempo un hereje. La cristiandad y aquel pasado pagano por el que sentía una lealtad tan profunda estaban unidos en su pensamiento por su común contraste con Teodorico y sus gigantescos caballeros, rubios, bebedores de cerveza y fanfarrones. No era el momento de insistir en lo que lo separaba de Virgilio, Séneca, Platón y los antiguos héroes republicanos. Habría perdido la mitad de su satisfacción, si hubiese escogido un tema que le obligara a señalar aquello en que los grandes maestros antiguos se habían equivocado; prefirió un tema que le permitía sentir lo cerca que habían estado de la verdad, recordarlos en términos de «nosotros», no de «ellos».

Como consecuencia de ello, pocos son los pasajes específicamente cristianos del libro. Cita explícitamente a los mártires.[78] En oposición a la concepción platónica de que lo divino y lo humano solamente pueden entrar en contacto a través de un *tertium quid*, la oración es un *commercium* directo entre Dios y el hombre.[79] Cuando Philosophia, al referirse a la Providencia, usa las palabras «fuertes y dulcemente», procedentes del *Libro de la Sabiduría de Salomón*, Boecio responde: «Me encanta tu argumento, pero mucho más el lenguaje que usas.»[80] Pero la mayoría de las veces Boecio hace afirmaciones que Platón o

---

[76] III *Pros.* XII, p. 292.
[77] V *Pros.* IV, p. 328.
[78] II *Pros.* IV, p. 194.
[79] 4 V *Pros.* III, p. 380.
[80] III *Pros.* XII, p. 290.

los neoplatónicos habrían confirmado. El hombre, gracias a su razón, es un animal divino;[81] el alma procede del cielo[82] y su ascenso hasta él es un regreso.[83] En su descripción de la creación,[84] Boecio está más próximo al *Timeo* que a las Escrituras.

Aparte de sus contribuciones al Modelo, *De Consolatione* ejerció cierta influencia formal. Pertenece al género llamado Satira *Menippea* en la que secciones en prosa alternan con otras (más cortas) en verso. Después de Boecio, la continuaron Bernardo y Alain e incluso la *Arcadia* de Sannazaro. (Muchas veces me he asombrado de que no se haya resucitado. Hubiera creído que un Landor, un Newman o un Arnold habrían sacado buen provecho de ella.)

La presentación de Philosophia, en el libro I, como una mujer a un tiempo joven y vieja,[85] está tomada de la *Natura* de Claudiano en *De Consulato Stilichonis*. Volvería a aparecer en la Natura del poema francés que Lydgate tradujo por *Reason and Sensuality* (verso 334). Entre otras cosas, le dice que nosotros –nosotros, los filósofos– debemos anticiparnos a la calumnia, pues nuestro objetivo expreso (*maxime propositum*) es desagradar a la canalla.[86] Esa jactancia altanera, ese *panache* filosófico, que va más allá de la filosofía, llega hasta el insulto y, de hecho, lo provoca, es de origen cínico. El Cristo de Milton está contagiado de él, cuando en *Paradise Regained* (III, 54) califica el rebaño de la gente vulgar de personas «cuyo desprecio era elogio no pequeño». Pero el pobre Boecio no estaba todavía en condiciones de asimilar una melodía tan alta; estaba tan sordo para ella como un burro para un arpa, imagen que Chaucer se apropió en *Troilus*, I, 1730. Ahora todo el mundo lo calumniaba, a pesar de que, en realidad, su conducta mientras estuvo en el cargo había sido de una pureza sin tacha. Añade con insistencia casi cómica –en este caso Boecio autor desenmascara despiadadamente a Boecio hombre– que su virtud era tanto más admirable cuanto que la practicó sin pensar lo más mínimo en que lo admirasen. Pues, añade, la virtud queda empañada,

---

[81] II *Pros.* V, p. 200.
[82] III *Met.* VI, p. 249.
[83] III *Pros.* XII, p. 288.
[84] III *Met.* IX, p. 264.
[85] I *Pros.* I, p. 130.
[86] I *Pros.* III, p. 140.

cuando un hombre la ostenta con la intención de conseguir buena reputación.[87]

Esta modesta máxima contrasta rotundamente con los ideales de la Edad de las Tinieblas y del Renacimiento. Roldán no se avergüenza de desear *los*, de igual forma que Beowulfo desea *dom* o los héroes de la tragedia francesa desean la *gloire*. Se discutió con frecuencia a finales de la Edad Media. Alain la conoció, pero la aprobaba solamente hasta cierto punto. El hombre bueno no debe aspirar a la fama, pero rechazarla completamente sería prueba de austeridad exagerada (*Anticlaudiano*, VII, iv, 26). Por otro lado, Gower la aplica con todo su rigor, incluso a las hazañas caballerescas:

> *In armes lith non avantance*
> *To him that thenkth his name avance*
> *And be renomed of his dede.*[88]
> (*Confessio Amantis*, I, 2651)

Entonces Boecio pide apasionadamente una explicación para el contraste entre la regularidad con que Dios gobierna el resto de la naturaleza y la irregularidad que tolera en los asuntos humanos.[89] Este pasó a ser un tema central de la «lamentación» con respecto a la naturaleza en la obra de Alain y de su «confesión» en la de Jean de Meung. Posteriormente, todavía Milton recordaba –e indudablemente confiaba en que advertiríamos que estaba recordándolo– este texto de Boecio en uno de los coros de Samson (667 y ss.). A algunos lectores modernos la idea de conjunto les parecerá menos remota, si la emparentan con la concepción existencialista de que el hombre es una *passion inutile* y desmerece mucho en comparación con el mundo irracional e inorgánico.

Con el libro II entramos en esa gran apología de la Fortuna que dejó grabada su figura en la imaginación de las épocas posteriores. Podemos esperar que en todas las épocas haya comentarios sobre la buena y mala suerte y su evidente falta de correspondencia con el mérito o el demérito; pero las alusiones medievales a la Fortuna y a

---

[87] I *Pros.* IV, p. 150.

[88] «En cuestiones de armas de nada servirá la jactancia a quien esté deseoso de engrandecer su nombre y realizar hazañas famosas.» (Cf. *Vox Clamantis*, V, 17.)

[89] Boecio, 1 *Met.* V, pp. 154 y ss.

su rueda son excepcionales por su frecuencia y seriedad. La grandeza que dicha imagen recibe en el Infemo (VII, 73 y ss.) nos recuerda cómo el hecho de que un *locus communis* llegue a ser lo que llamamos un lugar común depende del genio individual. Y eso, como miles de pasajes inferiores, es parte de la herencia de Boecio. Nadie que hubiese leído lo que dice sobre Fortuna podría olvidarla en mucho tiempo. Su obra, a la vez estoica y cristiana por lo que se refiere a ese aspecto, en completa armonía con el *Libro de Job* y con ciertas oraciones dominicales,[90] es una de las defensas más vigorosas que jamás se hayan hecho contra la concepción, común a los paganos y cristianos vulgares, que «consuela a los hombres crueles», al interpretar las variaciones de la suerte humana como premios o castigos divinos o, por lo menos, al desear que lo sean. Es un enemigo duro de pelar; está latente en lo que se ha llamado «la interpretación liberal de la historia» y domina la filosofía histórica de Carlyle.

En todos los puntos de este examen encontramos «antiguos amigos», es decir, imágenes y frases que eran ya muy antiguas, cuando nos familiarizamos con ellas por primera vez.

Así, esta frase del libro II: «La desgracia más desdichada es haber sido feliz alguna vez.»[91] Nos vienen a la memoria inmediatamente el *nessun maggior dolore* de Dante (*Inferno*, V, 121) y «la pena, corona de penas» de Tennyson. «Nada es desgracia, a no ser que así lo consideremos».[92] Recordamos la frase de Chaucer: *no man is wreched, but himself it wene* («ningún hombre es desgraciado pero tampoco es feliz»), de la *Ballade of Fortune* y la de Hamlet: «Nada es bueno o malo, sino que el pensamiento lo hace serlo.» Nos dice que no podemos perder los bienes externos, porque nunca los tuvimos. La belleza de los campos o de las gemas es un bien real, pero es suyo, no nuestro; la belleza de los vestidos es o bien de éstos (la riqueza de la tela) o bien producto de la habilidad del sastre: nada hará que sea nuestra.[93] La idea volverá a aparecer inesperadamente en Joseph Andrewes (III, 6). Inmediatamente después, leemos los elogios a la *prior aetas*,[94] la inocencia primigenia descrita por los estoicos. En este punto los lectores

---

[90] Lucas xiii. 4; Juan ix. 13.
[91] II *Pros.* IV, p. 188.
[92] II *Pros.* IV, p. 192.
[93] II *Pros.* V, pp. 198-200.
[94] II *Met.* V.

de Milton advertirán la pretiosa pericula que pasó a ser la «preciosa ruina» de este último autor. De dicha *prior aetas* proceden la «edad pasada» de la balada de Chaucer y la «edad antigua» citada por Orsino (*Twelfth Night*, II, iv, 46). Nos enteramos de que nada engaña tanto a quienes tienen ciertas dotes naturales, pero no se han perfeccionado en la virtud, como el deseo de fama. Es una máxima procedente del *Agrícola* de Tácito; posteriormente iba a florecer en este verso de Milton: «esa última enfermedad de la mente noble».

Philosophia pasa a mortificar dicho deseo, como Africano había hecho en el *Somnium*, al señalar cuán vana es toda la fama terrenal, pues es notorio que nuestro globo, en términos cósmicos, debe considerarse como un punto matemático: *puncti habere rationem*.[95] Pero Boecio profundiza ese argumento ordinario al insistir en la diversidad de las normas morales aun en esta zona minúscula. Lo que en una nación es fama en otra es infamia.[96] Y, en cualquier cosa, ¡qué poco duran las reputaciones! Los libros son mortales, igual que sus autores. Nadie sabe dónde yacen los huesos de Fabricio.[97] (Para bien de sus lectores ingleses, Alfred sustituyó esta frase por «los huesos de Weland».)

La adversidad tiene la virtud de abrirnos los ojos al mostrarnos cuáles de nuestros amigos son sinceros y cuáles falsos.[98] Combinemos esto con la afirmación de Vincent de Beauvais de que «la hiel de la hiena hace recuperar la vista» (*Speculum Naturale*, XIX, 62) y tendremos la clave del verso críptico de Chaucer: *Thee nedeth nat the gall of noon hyene* («No necesitas la hiel de ninguna hiena») [Fortune, 35].

En el libro III: todos los hombres saben que el bien auténtico es la felicidad, y todos los hombres la buscan, pero la mayoría por caminos errados, como un borracho que sabe que tiene una casa, pero no puede encontrar el camino que lleva a ella.[99] Chaucer reproduce ese símil en el *Knight's Tale* (A 1 261 y ss.).

Aún así, incluso los caminos errados como la riqueza o la gloria muestran que los hombres vislumbran de algún modo la verdad; pues el auténtico bien es glorioso como la fama y autosuficiente como la

---

[95] II *Pros.* VII, p. 212.
[96] *Ibid.* p. 214.
[97] II *Met.* VII, p. 218.
[98] II *Pros.* VIII, p. 220.
[99] III *Pros.* 11, p. 230.

riqueza. La inclinación natural es tan fuerte, que forcejeamos en dirección de nuestro lugar natal, como el pájaro enjaulado lucha por regresar a los bosques. Chaucer tomó esta imagen para su *Squire's Tale* (F 261 y ss.).

Una de las imágenes falsas del bien es la nobleza. Pero la nobleza no es otra cosa que la fama (y ya hemos desacreditado a esta) de nuestros antepasados, que era un bien de ellos, no nuestro.[100] Esta doctrina tuvo una progenie numerosa en la Edad Media y se convirtió en un tema particular para las discusiones escolares. Es la que da sentido a la canzone de Dante a comienzos del *Convivio*, IV, y a otro texto de *De Monarchia* (II, 3). *El Roman de la Rose* (18, 165 y siguientes) llega más lejos que Boecio y se atreve a equiparar *gentilesse* y virtud. La versión inglesa desarrolla todavía más el original francés en este punto (2185-202). *The Wife of Bath* reproduce la idea de Boecio con mayor exactitud (D. 1154). Gower, como el *Roman*, identifica la nobleza con la «virtud al servicio del valor» (IV, 2 261 y ss.). Puede perdonársenos que sonriamos, cuando un autor, (nada ignorante en otras cuestiones) encuentra en este pasaje la prueba de que Fower expresa los sentimientos de la burguesía, que en su época estaba (como de costumbre) «empezando a adquirir importancia».

Entonces la argumentación pasa de un salto a la afirmación de que el bien completo y perfecto, del que por lo general solamente conseguimos fragmentos o sombras, es Dios. Durante la demostración de esto –aunque ni los cristianos ni los platónicos necesitaban una nueva demostración– deja caer, como un axioma, la afirmación de que todas las cosas perfectas son anteriores a todas las imperfectas.[101] Era un principio común a casi todos los pensadores antiguos y medievales, excepto los epicúreos.[102] Ya[103] he puesto de relieve la diferencia radical que esto supone entre su pensamiento y los conceptos desarrollistas o evolucionistas de nuestra época, diferencia que quizá no deje de afectar a zona o nivel alguno de la conciencia.

Aquellos que alguna vez se han alzado a contemplar «el círculo admirable de la sencillez divina»[104] han de procurar no volver a mi-

---

[100] III *Pros.* VI, p. 248.
[101] III *Pros.* X, p. 268.
[102] Véase Lucrecio, V.
[103] Véase más arriba, p. 7 4.
[104] III *Pros.* XII, p. 292.

rar los objetos mundanos. El autor da fuerza al precepto mediante la historia de Orfeo y las fatales consecuencias de que mirase hacia atrás para ver a Eurídice; su relato de dicha historia fue tan influyente como el de Virgilio. También tiene una gran importancia estructural en *De Consolatione*, pues el propio Boecio, cuando Philosophia lo visitó en el libro I, estaba entregándose precisamente a ese tipo de retrospección. También alcanzó su punto más alto como poeta en los famosos versos sobre el mismo tema:

> *Orpheus Eurydicen suam*
> *Vidit, perdidit, occidit.*[105]

Del libro IV: Boecio se queja de que la doctrina de la divina Providencia, más que resolver, agrava el problema real: ¿por qué se ve intervenir tan poco a la justicia –indudablemente, la «justicia poética»– en el desarrollo de los acontecimientos? Philosophia da dos respuestas.

1. Todo es justicia. Los buenos siempre reciben su premio y los malos su castigo, por el simple hecho de ser lo que son. El poder y las acciones perversos son el castigo al deseo perverso,[106] y será infinito, por ser el alma inmortal (como afirma la filosofía con la misma firmeza que la teología). Ese pasaje recuerda el infierno de Virgilio cuyos habitantes *ausi omnes immane nefas ausoque potiti*, «todos planearon hechos espantosos y los *llevaron a cabo*» (*Eneida*, VI, 624). Se continúa en Milton quien dice de los paganos justos que «consideraban que la deportación a un infierno local... no era un castigo tan propio de Dios como castigar el pecado con el pecado» (*Doctrine and Discipline*, II, 3). Y, sin embargo, sostiene Boecio, es muy extraño ver a los malos florecientes y a los virtuosos afligidos. ¡Pues, claro!, responde Philosophia, todo es extraño hasta que se conoce su causa.[107] Compárese con el *Squire's Tale* (F 258).

---

[105] III *Met.* XII, 296. (Orfeo vio, perdió, mató a su Eurídice.)
[106] IV *Pros.* IV, pp. 322, 324.
[107] IV *Pros.* V y *Met.* V, pp. 334-8.

2. Lo que «en la ciudadela de la divina sencillez» es la Providencia, cuando se ve desde abajo, reflejado en la multiplicidad del tiempo y el espacio, es el Destino.[108] Y, así como, en el caso de una rueda, cuanto más nos acercamos al centro menos movimiento notamos, así también cuanto más se acerca un ser finito a la participación en la (inmóvil) Naturaleza divina, tanto menos sujeto se ve al Destino, que es una simple imagen móvil de la eterna Providencia. La Providencia es enteramente buena. Decimos que los malos prosperan y los inocentes sufren. Pero no sabemos quiénes son los malos y quiénes los inocentes; mucho menos sabemos lo que necesitan ambos. Toda clase de suertes, vistas desde el centro, son buenas y curativas. La suerte que llamamos «mala» afirma a los hombres buenos y refrena a los malos, si así la aceptan. De forma que, con solo que estemos cerca del eje, con que participemos más en la Providencia y suframos menos el Destino, «estará en nuestras manos hacer de nuestra fortuna lo que gustemos».[109] O, tal como expresa Spenser en este pasaje, «todo el mundo puede por sí mismo dar la fortuna que desee a su vida» (F. Q., VI, ix, 30).

Sin embargo, el fruto más noble de este pasaje no se expresó en palabras. En la iglesia de Santa María del Popolo de Roma la cúpula situada encima de la tumba de Chigi nos presenta la imagen boeciana completa de la rueda y el eje, del Destino y la Providencia. En la circunferencia exterior aparecen pintados los planetas, los dispensadores del destino. En un círculo más pequeño, dentro y por encima de ellos, figuran las inteligencias que los mueven. En el centro, con las manos alzadas para orientar, está sentado el Motor Inmóvil.[110]

En el quinto y último libro la argumentación es más densa y muchas generaciones posteriores no supieron aprovechar sus frutos aislados. Pero eso no significa que resultase ser menos influyente. Constituye la base de todos los enfoques posteriores del problema de la libertad.

---

[108] IV *Pros.* VI, p. 380.
[109] IV *Pros.* VII, p. 360.
[110] J. Seznec, *The Survival of the Pagan Gods*, trad. de B. F. Sessions (1953), p. 80.

La conclusión del libro anterior nos ha dejado ante una nueva dificultad. Si, como su doctrina de la Providencia indica, Dios ve todas las cosas que son, fueron y serán, uno *mentís in ictu*,[111] en un solo pensamiento y, por tanto, conoce de antemano mis acciones, ¿cómo puedo ser libre de actuar en forma diferente a como Él las ha previsto? Philosophia no elude la pregunta de Boecio mediante el subterfugio que Milton se ve obligado a utilizar en *Paradise Lost* (III, 117), según el cual, aunque Dios conoce de antemano, Su conocimiento anticipado no es la causa de mis actos. Pues la pregunta no era en ningún momento la de si la presciencia divina requiere el acto, sino la de si este había de ser necesario.

¿Puede, entonces, haber conocimiento anticipado de lo indeterminado? En cierto sentido, sí. El carácter del conocimiento no depende de la naturaleza del objeto conocido, sino de la facultad que conoce. Así, en nosotros mismos la sensación, la imaginación y la ratio, cada una a su manera, «conocen» al hombre. La sensación lo conoce como forma corporal; la imaginación, como forma sin materia; la *ratio*, como un concepto, un género. Ninguna de dichas facultades por sí misma hace la más mínima alusión a la forma de conocimiento que posee la que le es superior.[112] Pero, por encima de la ratio o razón, hay una facultad superior, la *intelligentia* o entendimiento.[113] (Mucho después, Coleridge dio la vuelta a esto al considerar superior a la razón e inferior al entendimiento. Dejo para una sección posterior el estudio más por extenso de la terminología medieval.) Y la razón no puede concebir que el futuro pueda conocerse excepto como tendría que conocerlo ella, en caso de que alguien pudiera; es decir, como determinado. Pero incluso nosotros podemos simplemente saltar al nivel intelectual y echar un vistazo al conocimiento que no supone determinismo.

La eternidad es algo completamente distinto de la perpetuidad, de la mera continuación inacabable en el tiempo. La perpetuidad es simplemente el alcance de una serie inacabable de momentos, cada uno de los cuales se pierde tan pronto como se lo alcanza. La eternidad es el goce efectivo e intemporal de la vida infinita.[114] El tiempo,

---

[111] V *Met.* 11, p. 372.
[112] V *Pros.* V, p. 394.
[113] *Ibid.*
[114] V *Pros.* VI, p. 400.

incluso el tiempo inaccesible, es solo una imagen, casi una parodia, de esa plenitud; un intento desesperanzado de compensar la transitoriedad de sus «presentes» mediante su multiplicación infinita. Esa es la razón por la que la Lucrecia del poema de Shakespeare lo llama «tú, perenne lacayo de la eternidad» (*Rape*, 967). Y Dios es eterno, no perpetuo. Hablando estrictamente, nunca prevé, solamente ve. Nuestro «futuro» es solo una zona, y una zona especial solamente para nosotros, de Su infinito ahora. Ve (no es que recuerde) nuestros actos de ayer porque ayer está todavía «ahí», delante de Él; ve (no es que prevea) nuestros actos de mañana, porque Él ya está en el mañana. Así como un espectador humano, por el hecho de ver mi acto presente, no quebranta en absoluto la libertad de dicho acto, así tampoco dejo de ser libre lo más mínimo para actuar como prefiera en el futuro por el hecho de que Dios me vea actuar en dicho futuro (Su presente).[115]

He condensado tan despiadadamente una argumentación de tan extrema importancia, tanto histórica como intrínseca, que el lector prudente no dejará de acudir al original para consultarla. No puedo por menos de pensar que con ella Boecio expuso una concepción platónica de forma más brillante de lo que lo hizo Platón en ocasión alguna.

La obra acaba con esas palabras de Philosophia; no se vuelve a hablar de Boecio ni de su situación, como tampoco de Christopher Sly al final de *La doma de la bravía*. Considero que ello constituye un logro estilístico calculado y consumado. Tenemos la sensación de haber visto quemar un montón de materiales tan completamente, que no quedan ni cenizas, ni humo, ni llama siquiera, solamente una vibración de ardor invisible.

Gibbon ha expresado, con la belleza de estilo que le es propia, su desprecio por la impotencia de esa «filosofía» para dominar los sentimientos del corazón humano. Pero nadie ha dicho que iba a dominar los de Gibbon. Parece ser que hizo algo por Boecio. Lo que es históricamente cierto es que durante más de mil años ha alimentado muchas mentes nada despreciables.

Antes de poner término a este capítulo, vale la pena citar dos autores posteriores en el tiempo y muy inferiores en categoría. A diferen-

---

[115] *Ibid.*, pp. 402-10.

cia de los que acabo de describir, no hicieron aportaciones al Modelo, pero a veces proporcionan la información más accesible con respecto a lo que fue. Ambos fueron enciclopedistas.

San Isidoro, obispo de Sevilla desde el año 600 hasta el 636, escribió las *Etimologiae*. Como indica el título, su tema aparente era el lenguaje, pero cruza con facilidad la frontera entre la explicación del significado de las palabras y la descripción de las cosas. Apenas se esfuerza por mantenerse en el lado lingüístico, y su libro constituye una enciclopedia. Es una obra de inteligencia muy mediocre, pero muchas veces nos ofrece fragmentos de información que no podemos fundamentar fácilmente en autores mejores. También presenta la ventaja de estar accesible en una buena edición modema.[116]

Desgraciadamente, no podemos decir lo mismo de Vincent de Beauvais (ob. 1 264). Su extenso *Speculum Mafus* está dividido en el *Speculum Naturale*, el *Speculum Doctrinale* y el *Speculum Historiale*. Podríamos esperar que el «espejo doctrinal» tratase de teología. En realidad, trata de moral, arte y comercio.

---

[116] Ed. de W. M. Lindsay, 2 vols. (1910).

5
Los cielos

Man, walke out at large of thi prisoun.[1]

HOCCLEVE

A. LAS PARTES DEL UNIVERSO

El concepto fundamental de la ciencia moderna es, o era hasta hace muy poco, el de las «leyes» naturales, y todo fenómeno se describiría en función de su «obediencia» a dichas leyes al producirse. En la ciencia medieval el concepto fundamental era el de ciertas afinidades, oposiciones y contraposiciones inherentes a la propia materia. Todo tenía su lugar apropiado, su domicilio, la región que le convenía y, aunque constreñido por la fuerza, se movía hacia ella mediante una especie de instinto:[2]

> *Every kindly thing that is*
> *Hath a kindly stede ther he*
> *May best in hit conserved be;*
> *Unto which place every thing*
> *Through his kindly enclyning*
> *Moveth for to come to.*[3]
> (CHAUCER *Hous of Fame*, 11, 730 y ss.)

---

[1] «Hombre, libérate de tu prisión.»
[2] Cf. Dante, *Paradiso* I, 109 y ss.
[3] «Todas las cosas naturales que existen tienen un lugar idóneo en el que pueden conservarse mejor; por medio de su inclinación natural, tienden a llegar a él.»

Así, mientras que para nosotros la caída de cualquier cuerpo ejemplifica la «ley» de la gravedad, para los medievales ilustraba la «inclinación natural» de cuerpos terrestres hacia su «lugar idóneo», la Tierra, el centro del *Mundus*, pues

> *To that centre drawe*
> *Desireth every worldes thing*[4]
> (Gower, *Confessio*, VII, 234)

Ese era el lenguaje usual en la Edad Media y en épocas posteriores: *The see desyreth naturely to folwen* («El mar desea, por inclinación natural, seguir a») la Luna, dice Chaucer (*Franklin's Tale*, F 1 052). «El hierro», dice Bacon, «se siente atraído de forma especial por el imán» (*Advancement*).[5]

Inmediatamente se plantea la cuestión de si los pensadores medievales creían que lo que ahora llamamos objetos inanimados eran sensibles y motivados. En general, la respuesta es no, sin lugar a dudas. Digo «en general» porque atribuían vida e incluso inteligencia a una clase privilegiada de objetos (los astros), que nosotros consideramos inorgánicos. Pero, que yo sepa, nadie antes de Campanella (1568-1639) sostuvo la existencia de un panpsiquismo completamente desarrollado, la doctrina de la sensibilidad universal, y aun este nunca consiguió muchos adeptos. Según la concepción medieval general, había cuatro grados de realidad terrestre: la mera existencia (como en las piedras), existencia con crecimiento (como en los vegetales); existencia, crecimiento y sensaciones (como en los animales), y todas ellas unidas a la razón (como en los hombres).[6] Por definición, las piedras no podían, literalmente, hacer esfuerzos ni desear.

Si hubiéramos podido preguntar al científico medieval: «¿Por qué habláis entonces como si creyerais que pueden?», habría podido responder (pues siempre era un dialéctico) con la pregunta: «Pero, ¿acaso entendéis vosotros vuestras afirmaciones sobre leyes y obediencia en sentido más literal que las nuestras sobre inclinación natural? ¿Acaso creéis verdaderamente que una piedra que cae es consciente

---

[4] «Todas las cosas del mundo desean verse atraídas hacia ese centro.»
[5] P. 156 de la edición de «Everyman».
[6] Gregory, Moralia, VI, 16; Gower, *Confessio*, Prólogo, 945 y ss.

de una orden promulgada por algún legislador y siente una obligación moral o prudencial a obedecer?». En cuyo caso tendríamos que admitir que ambas formas de expresar los hechos son metafóricas. Lo curioso es que la nuestra es la más antropomórfica de las dos. Decir que en cierto modo los cuerpos inanimados tienen un instinto por el que tienden a dirigirse hacia su domicilio es colocarlos a una distancia de nosotros no menor que la de las palomas; decir que en cierto modo «obedecen leyes» es tratarlos como hombres e incluso como ciudadanos.

Pero, aunque ninguna de esas dos afirmaciones puede entenderse literalmente, de ello no se sigue que no haya diferencia entre el uso de una u otra. En el nivel imaginativo y emocional, existe una gran diferencia entre el hecho de que, como los medievales, proyectemos sobre el universo nuestros esfuerzos y deseos y el de que, como los modernos, lo que proyectemos sea nuestro sistema policíaco y nuestras normas de tráfico. El lenguaje antiguo sugiere constantemente una especie de continuidad entre los acontecimientos puramente físicos y nuestras aspiraciones más espirituales. Si el alma procede del cielo (en el sentido que sea), nuestro anhelo de beatitud es por sí mismo un ejemplo de «inclinación natural» hacia el «lugar idóneo». A eso se debe que en *The King's Quair* figuren estos versos (est. 173):

> *O wery gost ay flickering to and fro*
> *That never art in quiet nor in rest*
> *Til thou com to that place that thou com fro*
> *Which is thy first and very proper nest.*[7]

Fundamentalmente, las propiedades de afinidad y oposición en la materia son los «cuatro contrarios». En un lugar Chaucer enumera «caliente, frío, pesado, ligero, húmedo y seco» (*Parlement*, 379), pero la lista habitual da cuatro: «caliente, frío, húmedo y seco», como en *Paradyse Lost*, II, 898. En el Caos de Milton los encontramos así, en estado puro, porque el Caos no es el universo, sino solo su materia

---

[7] «Oh, diablo de ojo, que siempre estás revoloteando de aquí para allá y nunca estás quieto hasta que llegas al lugar de que procedes, que es tu primer y propio nido.» El pasaje del *Troilus* de Chaucer (IV, 302) no es, en el sentido más simple, la «fuente» de este. Chaucer dio a la idea un tratamiento erótico, pero el rey Jaime le devolvió toda su seriedad. Ambos poetas sabían lo que estaban haciendo.

prima. En el Mundus que Dios creó a partir de dicha materia prima solamente los encontraremos combinados. Se combinan para formar los cuatro elementos. La unión de lo caliente y lo seco se convierte en fuego; la de lo caliente y lo húmedo, en aire; la de lo frío y lo húmedo, en agua; y la de lo frío y lo seco, en tierra. (Como veremos más adelante, sus combinaciones en el cuerpo humano dan resultados diferentes.)[8] Hay también un quinto elemento o «quintaesencia», el éter, pero este se encuentra solamente por encima de la Luna y nosotros los mortales no podemos conocerlo por experiencia.

En el mundo situado por debajo de la Luna –la naturaleza en sentido estricto– los cuatro elementos se han distribuido en sus «lugares idóneos». La tierra, el más pesado, se ha concentrado en el centro. En ella está situada el agua, elemento más ligero; por encima de esta, el elemento aire, más ligero todavía. El fuego, el elemento más ligero de todos, cuando estuvo libre, subió hasta la circunferencia de la naturaleza y constituye una esfera inmediatamente debajo de la órbita de la Luna. tsa es la razón por la que la titana de Spenser en su ascenso, pasa primero por la «región del aire» y después por «el fuego» antes de llegar al «círculo de la Luna» (F. Q., VII, vi, 7, 8) y en Donne el alma de Elizabeth Drury viaja desde el aire hasta la Luna tan deprisa, que no sabe si pasó por la esfera del fuego o no (*Second Anniversary*, 191-4). Cuando Don Quijote y Sancho creyeron que habían llegado a ese punto en su ascenso imaginario, el caballero tenía mucho miedo a que se quemasen (II, xli). La razón por la que las llamas siempre se mueven hacia arriba es la de que el fuego que las forma busca su «lugar idóneo». Pero las llamas son fuego impuro y solamente a su impureza se debe que sean visibles. El «fuego elemental» que forma una esfera justamente por debajo de la Luna es fuego, pero sin mezcla; de ahí que sea invisible y completamente transparente. Fue ese «elemento de fuego» el que la «nueva filosofía apagó completamente». A eso se debió en parte que Donne hiciese pasar a Elizabeth Drury demasiado de prisa como para poder resolver la incómoda cuestión.

Actualmente se conoce tan bien, en general, la arquitectura del universo ptolemaico que voy a tratarlo en la forma más breve posible. La Tierra, que es esférica y ocupa el centro, está rodeada por una serie de globos huecos y transparentes, uno encima de otro, y natu-

---

[8] Véase más abajo, p. 149 y ss.

ralmente cada uno de ellos mayor que el que está por debajo. Esas son las «esferas», «cielos» o (a veces) «elementos». En cada una de las primeras siete esferas hay fijado un gran cuerpo luminoso. Empezando por la Tierra, el orden es la Luna, Mercurio, Venus, el Sol, Marte, Júpiter y Saturno; los «siete planetas». Más allá de la esfera de Saturno está el *Stellatum*, al que pertenecen todas esas estrellas que todavía llamamos «fijas», porque sus posiciones unas en relación con las otras, a diferencia de las de los planetas, son invariables. Más allá del *Stellatum* hay una esfera llamada Primer Motor o *Primum Mobile*. Como no contiene ningún cuerpo luminoso, esta última pasa desapercibida a nuestros sentidos; su existencia se infirió para explicar los movimientos de todas las demás.

Y, más allá del *Primum Mobile*, ¿qué? La primera respuesta a esa pregunta ineludible la había dado Aristóteles. «Fuera del cielo no hay espacio, ni vacío, ni tiempo. Esa es la razón por la que lo que quiera que allí haya se caracteriza por no ocupar espacio ni verse afectado por el tiempo.»[9] El mejor paganismo se caracteriza por su timidez, por su voz queda. En cambio, una vez adaptada por el cristianismo, esa doctrina habla en voz alta y alborozada. Lo que en un sentido está «fuera del cielo», constituyó entonces, en otro sentido, el Cielo propiamente dicho, *caelum ipsum*, y colmado por Dios, como dice Bernardo.[10] Así, cuando Dante pasa la última frontera, le dicen: «Hemos pasado del cuerpo mayor (*del maggior carpo*) a ese Cielo que es luz pura, luz intelectual, colmado de amor» (*Paradiso*, XXX, 38). En otras palabras, como veremos con mayor claridad más adelante, en esa frontera la concepción espiritual deja de funcionar completamente. En el sentido espacial ordinario, no puede haber «fin» para un espacio tridimensional. El fin del espacio es el fin de la espacialidad. La luz que hay más allá del universo material es luz intelectual.

Ni siquiera en la actualidad se entienden las dimensiones del universo medieval tan bien como su estructura; en este siglo, un científico eminente ha contribuido a propalar el error.[11] El lector de este libro ya debe saber que la Tierra era, en términos cósmicos, un punto, que no tenía magnitud apreciable. Las estrellas, como había ense-

---

[9] *De Caelo*, 279ª.
[10] *De Mundi Universitate*, II *Pros.* VII, p. 48.
[11] J. B. S. Haldane, *Possible Worlds* (1930), p. 7.

ñado el *Somnium Scipionis*, eran mayores que ella. En el siglo VI, san Isidoro sabía que el Sol es mayor y la Luna menor que la Tierra (*Etimologías*, III, xlvii-xlviii); Maimónides, en el XII, sostiene que cualquier estrella es noventa veces mayor; Roger Bacon, en el XIII, dice simplemente que la estrella más pequeña es «mayor» que ella.[12] En cuanto a los cálculos de la distancia, tenemos la suerte de disponer de una obra completamente popular, el *South English Legendary*: mejor que ninguna obra culta para testimoniar el Modelo, tal como existía en la imaginación de la gente común. En ella se nos dice que si un hombre pudiese viajar hacia arriba a la velocidad de *forty mile and yet som del mo* («cuarenta millas e incluso algo más») por día, en 8.000 años seguiría sin haber alcanzado el *Stellatum* («the highest heven that ye alday seeth» [«el cielo más alto que veis todos los días»]).[13]

Por sí mismos, esos hechos son curiosidades de poco interés. Adquieren valor solamente en la medida en que nos permiten penetrar más profundamente en la conciencia de nuestros antepasados al comprender cómo debió afectar aquel universo a quienes creían en él. La receta para dicha comprensión no es el estudio de los libros. Hay que salir al campo una noche estrellada y caminar durante media hora aproximadamente intentando ver el cielo en los términos de la antigua cosmología. Hay que recordar que en ese caso existen un arriba y un abajo absolutos. La Tierra es realmente el centro, el lugar más bajo realmente; el movimiento hacia ella desde cualquier dirección es un movimiento hacia abajo. En términos modernos, localizamos las estrellas a gran distancia. Ahora hemos de sustituir la distancia por esa forma suya especialísima (y mucho menos abstracta) que llamamos altura; la altura, que habla inmediatamente a nuestros músculos y nervios. El Modelo medieval es vertiginoso. Y el hecho de que la altura de las estrellas en la astronomía medieval sea muy pequeña en comparación con su distancia en la moderna resultará no tener la importancia que podíamos creer en un principio. Para el pensamiento y la imaginación, diez millones de millas y mil millones son lo mismo. Ambas cifras pueden concebirse (es decir, con las dos podemos hacer sumas) y ninguna de las dos puede imaginarse; y cuanta mayor imaginación tengamos, mejor lo sabremos. La diferencia realmente importante radica en que

---

[12] Lovejoy, *op. cit.*, p. 100.
[13] Ed. de C. D'Evelyn, A. J. Mili (E.E.T.S., 1956), vol. II, p. 418.

el universo medieval, además de inimaginablemente grande, era finito sin ambigüedad. Y una consecuencia inesperada de ello es hacer que la pequeñez de la Tierra se sintiese de forma más vívida. En nuestro universo, es pequeña indudablemente; pero también lo son las galaxias, todo, y ¿qué importa? Pero, en el de los medievales, había un término de comparación absoluto. La esfera más lejana, el maggior carpo de Dante, es pura y simplemente, el objeto existente de mayores dimensiones. De esa forma, la palabra «pequeña», aplicada a la Tierra, adquiere un significado muchísimo más absoluto. Además, por ser el universo medieval finito, tiene una forma, la forma esférica perfecta, que contiene en su interior una variedad ordenada. A eso se debe que mirar el cielo en una noche estrellada con ojos modernos sea como mirar el mar que se desvanece en la niebla o mirar a nuestro alrededor en un bosque impracticable: árboles por todos lados y sin horizonte. Mirar hacia arriba en el soberbio universo medieval es mucho más como mirar un gran edificio. El «espacio» de la astronomía moderna puede inspirar terror o asombro o vago ensueño; las esferas de los antiguos nos presentan un objeto en el que la mente puede descansar, abrumador por sus dimensiones, pero satisfactorio por su armonía. En ese sentido es en el que nuestro universo es romántico y el suyo era clásico.

Esa es la explicación de que cuando la poesía medieval, nos lleva al cielo –cosa que hace con tanta frecuencia–, esté tan absolutamente ausente de ella el sentido de lo enmarañado, de lo intrincado y de lo absolutamente extraño –cualquier tipo de agorafobia–. Dante, cuyo tema podríamos haber esperado que le invitase a hacerlo, nunca tocó esa nota. En ese sentido, el más modesto escritor de ciencia-ficción moderno puede satisfacernos más que él. El terror de Pascal ante *le silence éternel de ces espaces infinis* nunca entró en su mente. Es como un hombre al que conducen a través de una catedral inmensa, no como alguien perdido en un mar sin costas. Supongo que el sentimiento moderno apareció con Bruno. Entró en la poesía inglesa con Milton, cuando ve la Luna «cabalgando»

> *Like one that had hin led astray*
> *Through the Heav'ns wide pathless way.*[14]

---

[14] «Como alguien que se hubiese extraviado por los inmensos e impracticables caminos del cielo.»

Posteriormente, en *Paradise Lost*, inventó un procedimiento más ingenioso para conservar las antiguas glorias del universo creado y finito, al tiempo que expresaba la nueva concepción del espacio. Encerró su cosmos en un envoltorio esférico dentro del cual todo podía ser luz y orden, y lo colgó del suelo del cielo. Fuera de él estaba el Caos, el «abismo infinito» (II, 405), la «noche no esencial» (438), en la que «se pierden la longitud, la anchura y la altura, el tiempo y el espacio» (891-2). Quizá fuese el primer escritor que usó el nombre de *espacio* en un sentido enteramente moderno: «el espacio puede producir nuevos mundos» (I, 650).

No obstante, hemos de reconocer que, mientras que se recalcaban las consecuencias morales y emocionales de las dimensiones cósmicas, a veces se ignoraban las consecuencias visuales. Dante en *Paradiso* (XXVII, 81-3) mira hacia abajo desde la esfera de las estrellas fijas y ve el hemisferio norte que se extiende desde Cádiz hasta Asia. Pero, de acuerdo con el Modelo, difícilmente podía verse toda la Tierra desde aquella altitud, y decir que se ven marcas en su superficie resulta ridículo. Chaucer en *Hous o-f Fame* está inimaginablemente más abajo que Dante, pues se encuentra todavía en el aire, por debajo de la Luna. Pero, aun así, resulta sumamente ímprobable que hubiese podido distinguir barcos y ni siquiera, si bien *unethes* («con dificultad»), *bestes* («animales») [II, 846-903].

La imposibilidad, en las condiciones supuestas, de ese tipo de experiencias visuales es evidente para nosotros, porque hemos crecido desde la infancia bajo la influencia de representaciones que aspiraban al máximo de ensueño y observaban las leyes de la perspectiva. Estaremos en un error, si suponemos que el mero sentido común, sin dicha instrucción, permitiría a los hombres ver una escena imaginaria o incluso ver el mundo en que viven, tal como lo vemos hoy.[15] El arte medieval era deficiente en la aplicación de la perspectiva y la poesía siguió su ejemplo. Para Chaucer, la naturaleza es siempre primer plano; nunca representa un paisaje. Ni los poetas ni los artistas sentían demasiado interés por el ilusionismo estricto de épocas posteriores. El tamaño relativo de los objetos en las artes visuales estaba determinado más por el interés con que el artista deseaba recalcarlos que por los tamaños del mundo real o por su distancia. El artista me-

---

[15] Véase E. H. Gombrich, *Art and Illusion* (1960).

dieval nos muestra cualquier detalle que quiera hacernos ver tanto si es visible como si no. Creo que Dante estaba en perfectas condiciones de saber que no habría podido ver Asia y Cádiz desde el *Stellatum* y, aun así, citó dichos lugares. Siglos después, Milton hace que Rafael mire desde la puerta del cielo, es decir, desde un punto exterior a todo el universo sideral –«distancia imposible de expresar en cifras» (VIII, 113)– y vea no solo la Tierra, no solo los continentes sobre la Tierra, no solo el Edén, sino también cedros (V, 257-61).

De la imaginación medieval e incluso de la isabelina en general (aunque no de la de Dante) podemos decir que, incluso al tratar objetos en primer plano, es vívida en lo que se refiere al color y a la acción, pero raras veces usa la escala coherentemente. Vemos gigantes y enanos, pero nunca llegamos a descubrir su tamaño exacto. Gulliver fue una gran novedad.[16]

B. SUS MOVIMIENTOS

Hasta aquí la representación que hemos hecho del universo es estática; ahora debemos ponerla en movimiento.

Toda clase de poder, movimiento y eficacia descienden de Dios al *Primum Mobile* y lo hacen girar; más adelante estudiaremos el tipo exacto de causalidad que interviene. La rotación del *Primum Mobile* causa la del *Stellatum*, que, a su vez, causa la de la esfera de Saturno, y así sucesivamente hasta la última esfera en movimiento, la de la Luna. Pero existe otra complicación. El *Primum Mobile* se mueve de este a oeste, completando su círculo cada veinticuatro horas. Las esferas inferiores (por «inclinación natural») dan una vuelta más lenta de oeste a este, que tarda 36.000 años en completarse. Pero el impulso diario del *Primum Mobile* las fuerza diariamente hacia atrás, con su estela o corriente, por decirlo así, de forma que su movimiento real es hacia el oeste, pero con velocidad retrasada por su resistencia a moverse en la dirección opuesta. De ahí la explicación de Chaucer:

> *O firste moeving cruel firmament*
> *With thy diurnal sweigh that crowdest ay*

---

[16] Véase más abajo, pp. 102-108.

And hurlest al from Est til Occident
That naturelly wolde holde another way[17]
(*Canterbury Tales*, B 295 y ss.)

Indudablemente, el lector comprenderá que no se trataba de una fantasía arbitraria, sino de otra «herramienta» como la hipótesis de Copérnico; una construcción intelectual ideada para conformarse a los fenómenos observados. Recientemente se nos ha recordado[18] hasta qué punto intervinieron las matemáticas, muy buenas matemáticas, en la construcción del Modelo.

Además del movimiento, las esferas transmitían (a la Tierra) lo que se llamaban influencias, el tema que estudia la astrología. La Edad Media la heredó de la Antigüedad y la legó al Renacimiento. La afirmación de que la Iglesia medieval miraba con malos ojos dicha disciplina muchas veces se entiende en un sentido que desfigura la realidad. Los teólogos ortodoxos podían aceptar la teoría de que los planetas afectan a los acontecimientos y a la psicología y, más todavía, a las plantas y a los minerales. La iglesia no combatía eso. Combatía tres de sus derivaciones.

1. La práctica, lucrativa y políticamente indeseable, de las predicciones basadas en la astrología.
2. El determinismo astrológico. La doctrina de las influencias podía llevarse hasta el extremo de negar el libre albedrío. Contra ese determinismo, como en épocas posteriores contra otras formas de determinismo, la teología tuvo que hacer un alegato. Santo Tomás de Aquino trata esa cuestión con toda claridad.[19] No niega la influencia de las esferas en el aspecto físico. Los cuerpos celestes afectan a los cuerpos terrestres, incluidos los de los hombres. Y, al afectar a nuestro cuerpo, pueden afectar, aunque no necesariamente, a nuestra razón y a nuestra voluntad. Pueden, porque indudablemente nuestras facultades superiores reciben algo (*accipiunt*) de las inferiores.

---

[17] «Oh, primer motor, firmamento cruel, que impulsas a los astros con tu oscilación diurna y arrojas de oriente a occidente a todos los que por inclinación natural seguirían otro camino.»

[18] Pannecock, *History of Astronomy* (1961).

[19] *Summa*, Iª, CXV, Art. 4.

No necesariamente, porque cualquier alteración de nuestra capacidad[20] imaginativa provocada de esa forma produce, no una necesidad, sino una propensión a actuar de esta o de aquella forma. Se puede resistir dicha propensión; de ahí que el hombre justo pueda vencer a las estrellas. Pero, la mayoría de las veces no encontrará resistencia, pues la mayoría de los hombres no son justos; a eso se debe que, igual que las predicciones actuariales, las predicciones astrológicas sobre el comportamiento de gran cantidad de hombres resulten cumplirse muchas veces.

3. Las prácticas que podría parecer que suponían o fomentaban la adoración de los planetas: después de todo, habían sido los más resistentes de todos los dioses paganos. San Alberto Magno da reglas sobre el uso legítimo e ilegítimo de las imágenes planetarias en la agricultura. Se puede enterrar en el campo un plato con el símbolo o jeroglífico de un planeta; pero no se pueden usar, al mismo tiempo, invocaciones o «sufumigaciones» (*Speculum Astro-nomiae*, X).

A pesar de aquella cuidadosa vigilancia contra la planetolatría, los planetas siguieron recibiendo sus nombres divinos y todas sus representaciones en arte y poesía proceden de los poetas paganos –aunque no de lo escultores paganos– hasta épocas posteriores. Los antiguos habían representado a Marte completamente armado y en su carro; los artistas medievales, al traducir aquella imagen en términos contemporáneos, lo representaron como un caballero con armadura plateada sentado en un carro de campesinos,[21] lo cual puede ser la fuente de la historia que figura en el *Lancelot* de Chrétien. A veces, los lectores modernos discuten sobre si, cuando un poeta medieval menciona a Júpiter o a Venus, se refiere al planeta o a la deidad. Es cierto que nunca debemos suponer sin pruebas especiales que esos personajes son en la obra de Gower o de Chaucer las figuras meramente mitológicas que son en la de Shelley o de Keats. Son planetas además de dioses. No es que el poeta cristiano creyese en el dios porque creía

---

[20] Cf. Dante, *Purgatorio*, XVII, 13-17.
[21] Véase J. Seznec, *The Survival of the Pagan Gods*, trad. de B. F. Sessions (Nueva York, 1953), p. 191.

en el planeta, sino que las tres cosas –el planeta visible en el cielo, la fuente de influencia y el dios– actuaban generalmente como una unidad en su mente. No he encontrado pruebas de que los teólogos se inquietasen lo más mínimo por aquella situación.

Los lectores que ya conozcan las características de los siete planetas pueden saltarse la siguiente lista:

Saturno. Su influencia en la Tierra produce plomo; en los hombres, el carácter melancólico; en la historia, acontecimientos desastrosos. En Dante su esfera es el cielo de los contemplativos. Está relacionado con la enfermedad y la vejez. Nuestra representación tradicional del padre Tiempo con la guadaña procede de representaciones anteriores de Saturno. Una buena descripción de sus actividades –accidentes fatales, peste, traiciones y mala suerte en general– figura en *The Knight's Tale* (A 2 463 y ss.). Es el más terrible de los siete y a veces recibe el nombre de «Desgracia máxima», *Infortuna Major*.

Júpiter, el Rey, produce en la Tierra estaño, lo cual es bastante decepcionante; este metal brillante excitaba la imaginación de forma diferente antes de que apareciese la industria conservera. El carácter que produce en los hombres podría expresarse ahora muy imperfectamente mediante la palabra «jovial»; y no es nada fácil de comprender; ya no es uno de nuestros arquetipos, como el saturnino. Podemos decir que es regio, pero hemos de pensar en un rey en paz, sentado en el trono, ocioso, sereno. El carácter jovial es alegre, festivo y, sin embargo, sobrio, tranquilo, magnánimo. Cuando este planeta domina, podemos esperar días tranquilos y prosperidad. En Dante los príncipes buenos y justos van a su esfera cuando mueren. Es el mejor planeta y recibe el nombre de «Fortuna máxima», *Fortuna Major*.

Marte produce hierro. Da a los hombres el temperamento marcial, «gran intrepidez», como dice la Comadre de Bath (D 612). Pero es un planeta malo, *Infortuna Minor*. Produce las guerras. En Dante, su esfera es el cielo de los mártires; en parte por la razón evidente, pero en parte, sospecho, a causa de una relación filológica errónea entre *martyr* y *Martem*.

El Sol es el punto en que la coincidencia entre lo mítico y lo astrológico casi desaparece. En el sentido mítico, Jupiter es el Rey, pero el Sol produce el metal más noble, el oro, y es el ojo y la mente de todo el universo. Hace buenos y generosos a los hombres y su esfera es el cielo de los teólogos y filósofos. Aunque no es más metalúrgico que otros planetas, sus operaciones metalúrgicas aparecen citadas con mayor frecuencia que las de los demás. En la obra de *Donne Allophanes and Idios* leemos que las tierras que el Sol podría convertir en oro pueden estar demasiado lejos de la superficie para que sus rayos puedan surtir efecto (61). El Mammon de ñ saca su tesoro al exterior para «solearlo». Si ya fuese oro, no habría motivo para hacer eso. Todavía es gris; lo solea para que se convierta en oro.[22] El Sol produce acontecimientos venturosos.

En cuanto a efectos benéficos, solamente Júpiter supera a Venus; esta es la *Fortuna Minor*. Su metal es el cobre. La relación no aparece clara hasta que observamos que en un tiempo Chipre fue famosa por sus minas de cobre, que el cobre es *cyprum*, el metal de Chipre, y que Venus, o Afrodita, que recibía una adoración especial en dicha isla, era Κύπρις, la Dama de Chipre. En los mortales produce belleza e inclinación amorosa y en la historia, acontecimientos venturosos. Dante hace que su esfera sea el cielo, no –como podría esperarse de un poeta menos sutil– de los caritativos, sino de aquellos que en esta vida amaron enorme y desmesuradamente y se han arrepentido. Allí es donde encuentra a Cunizza, cuatro veces esposa y dos amante, a Rahab la ramera (*Paradiso*, IX). Están volando rápida e incesantemente (VIII, 19-27), lo que los hace semejantes, dentro de su diversidad, a los impenitentes y tempestuosos amantes del *Inferno*, V.

Mercurio produce el mercurio. Dante ofrece su esfera a los hombres de acción caritativos. Por otro lado, san Isidoro dice que este planeta recibe el nombre de Mercurio porque es el protector de los comerciantes (*mercibus praeest*).[23] Gower dice que el hombre nacido bajo el signo de Mercurio será «estudioso» e «interesado por la literatura»,

> *bot yit with somdel besinesse*
> *his hert is set upon richesse*[24]
> (*Confessio*, VII, 765)

La Comadre de Bath lo relaciona con los clérigos (D 706). En *De Nuptiis*[25] de Marciano Capella es el novio de Philologia –que es la

---

[22] *F. Q.*, versículo hasta II, vii.

[23] Véase san Agustín, *De Civitate*, VII, xiv.

[24] «Pero aun metido en negocios su corazón aspira a riquezas.»

[25] *De Nuptiis Philologiae et Mercurii*, ed. de F. Eyssenhardt (Lipsiae, 1866).

erudición o la literatura más que lo que nosotros llamamos «filología»–. Y estoy bastante seguro de que «las palabras de Mercurio» contrapuestas a «las canciones de Apolo» al final de *Lovés Labours Lost* constituyen un ejemplo de estilo «agudo» o retórico. Es difícil ver la unidad en todas esas características. «Gran agudeza» o «vivacidad» es la mejor forma en que puedo expresarla. Pero es mejor meter simplemente un poco de mercurio en una salsera y jugar con él durante unos minutos. Eso es lo que significa «preparación mercurial».

A la altura de la Luna cruzamos en nuestro descenso la gran frontera que tantas veces he tenido ocasión de citar; entre el éter y el aire, entre el «cielo y la naturaleza», entre la región de los dioses (o ángeles) y la de los demonios, entre la región de la necesidad y la de la contingencia, entre lo incorruptible y lo corruptible. A menos que retengamos firmemente en la mente esa «gran división», cualquier pasaje de Donne o de Drayton o de cualquier autor que hable de «translunar» o «sublunar» perderá su fuerza original. Consideraremos la expresión «bajo la Luna» como vago sinónimo –semejante a nuestro «bajo el Sol»– de «por todas partes», cuando en realidad está usada con precisión. Cuando Gower dice:

> *We that dwelle under the M one*
> *Stand in this world upon a weer*[26]
> (*Confessio*, Prol. 142)

quiere decir exactamente lo que dice. Si viviésemos por encima de la Luna no sufriríamos *weer* («duda, incertidumbre»). Cuando la Naturaleza de Chaucer dice

> *Ech thing in my cure is*
> *Under the Moone that mai wane and waxe*[27]
> (*Canterbury Tales*, C 22)

está distinguiendo su región mutable del mundo translunar en el que nada crece o decrece. Cuando Chaucer dice *Fortune may non angel dere*

---

[26] «El destino de quienes vivimos bajo la Luna es incierto.»
[27] «De mí depende todo lo que está situado por debajo de la Luna, creciente o menguante.»

en el Monk's Tak (B 3 191) está recordando que los ángeles viven en la región etérea donde no hay contingencia y, por tanto, tampoco suerte, ni buena ni mala.

Su metal es la plata. En los hombres produce vagabundeo y devaneos. Puede hacer que sean viajeros, de forma que, como dice Gower, el hombre nacido bajo el signo de la Luna *seche manye londes strange* (buscará tierras extrañas) (VII, 747). En ese sentido los ingleses y alemanes están más bajo su influencia (*ibid.*, 751-4). Pero también puede producir «extravío» del juicio, especialmente esa locura periódica que en un principio recibía el nombre de *lunacy* («lunatismo»), por la que el paciente, como dice Lengland (C x, 107) está *mad as the mane sit, more other lasse* («loco cuando se pone la luna más o menos»). Esas son las «lunas peligrosas, inseguras» del *Winter's Tale* (II, ii, 30), de ahí (y por otras razones) que *lunes* sea casi con toda seguridad la lectura correcta en *Hamlet* (III, iii, 7) en lugar de la incomprensible, *browes*, de la edición en cuarto y de la métricamente incorrecta, *lunacies*, de la edición en folio. Dante asigna la esfera de la Luna a quienes han entrado en la vida conventual y la han abandonado por razones buenas o excusables.

Nótese que, mientras que no encontramos dificultades para comprender el carácter de Saturno o de Venus, Júpiter o Mercurio casi se nos escapan. La verdad que se desprende de eso es que los caracteres planetarios deben captarse mediante una intuición más que construirse a partir de conceptos; necesitamos conocerlos, no saber cosas sobre ellos, *connattre*, no *savoir*. A veces sobreviven las antiguas intuiciones, cuando no, vacilamos. Cambios de aspecto que han dejado casi intacto –y casi exclusivamente– el carácter de Venus, casi han aniquilado a Júpiter.

De acuerdo con el principio de transferencia o mediación, las influencias no se ejercen sobre nosotros directamente, sino que primero modifican el aire. Como dice Donne en *The Extasie*: «La influencia del cielo no se ejerce sobre el hombre / sino que primero invade el aire.» Originalmente, una peste la causan maléficas conjunciones de los planetas, como cuando

> *Kinde herde tho Conscience and cam out of the planetes*
> *And sente forth his forayers, fevers and fluxes.*[28]
> (*Piers Plowman*, c. XXIII, 80)

---

[28] «Procedente de los planetas y envía sus azotes, fiebres y flujos.»

Pero la mala influencia se ejerce por estar literalmente «en el aire». De ahí que, cuando un doctor medieval no pudiese atribuir la condición del paciente a una causa determinada, la atribuyese a «esta influencia que está presente en el aire». Si fuera un doctor italiano, no hay duda de que diría *questa influenza*. La profesión ha conservado esa útil palabra desde entonces.

Siempre debemos recordar que *constelación* en el lenguaje medieval raras veces significa, como para nosotros, una disposición permanente de los astros. Generalmente, significa una situación pasajera de sus posiciones relativas. El artista que había construido el caballo de bronce en el *Squire's Tale, wayted many a constelacioun* (F 129). Debemos traducir esa frase por «esperaba más de una conjugación».

La palabra *influencia* en su sentido moderno –el sentido en que este estudio me ha obligado tantas veces a usarla– es la abstracción más imprecisa que proporciona el *corpus* completo de nuestra lengua. Hemos de tener mucho cuidado de no atribuir ese sentido de la palabra –que ha perdido su frescura original– al uso que de ella hacían los poetas antiguos, según el cual todavía era una metáfora totalmente consciente procedente de la astrología. Cuando su autor dice de las damas de L'Allegro que «de sus brillantes ojos / llovía influencia», está comparándolas con los planetas. Cuando Adán dice a Eva

> *I from the infiuence of thy lookes receave*
> *Access in every vertue.*[29]
> (*Paradise Lost*, IX, 309),

está diciendo más de lo que un lector moderno podría suponer. Está considerándose a sí mismo como la Tierra y a ella como Júpiter o Venus.

Faltan por añadir otros dos rasgos a nuestra descripción.

Nada está más grabado en las concepciones cósmicas de un hombre moderno que la idea de que los cuerpos celestes se mueven en un vacío tan negro como el betún y tan frío como los muertos. No era así en el Modelo medieval. Ya en el pasaje citado de Lucano[30] hemos visto que (de acuerdo con la interpretación más probable) el espíritu

---

[29] «La influencia de tus miradas me da acceso a todas las virtudes.»
[30] Véase más arriba, p. 37. Cr. también Plinio, *Historia natural*, 11, vii.

que está ascendiendo pasa a una región en comparación con la cual nuestro día terrestre no es sino una especie de noche; y en ningún texto de la literatura medieval ha encontrado indicación alguna de que, si pudiésemos penetrar en el mundo translunar, nos encontraríamos en un abismo de oscuridad. Pues su sistema era, en cierto sentido, más heliocéntrico que el nuestro. El Sol ilumina la totalidad del universo. Dicen, según cuenta san Isidoro, que ninguna estrella tiene luz propia, sino solo, como la Luna, la que recibe del Sol. Así lo confirma Dante en el *Convivio* (II, xiii, 15). Y, como no tenían, creo yo, idea de la intervención del aire en la transformación de la luz física en esa región coloreada y circunstante que llamamos día, hemos de representar iluminadas las infinitas millas cúbicas que ocupan la vasta concavidad. La noche es simplemente el cono de sombra producido por nuestra Tierra. Según Dante (*Paradiso*, IX, 118), se extiende hasta la esfera de Venus. Como el Sol se mueve y la Tierra permanece inmóvil, hemos de representarnos esa franja negra y larga girando perpetuamente como la manecilla de un reloj; esa es la razón por la que Milton la llama «el baldaquín circular de la extensa oscuridad de la noche» (*Paradise Lost*, III, 556). Más allá de ella no hay noche; solo «dichosas regiones que se encuentran donde el día nunca cierra los ojos» (*Comus*, 978). Cuando miramos hacia el cielo nocturno, miramos, no hacia la oscuridad, sino a través de ella.

Y, en segundo lugar, así como ese vasto (aunque finito) espacio no es oscuro, así tampoco está en silencio. Si nuestros oídos estuviesen abiertos, percibiríamos, como lo expresa Henryson,

> *every planet in his proper sphere*
> *In moving makand harmony and sound*[31]
> (*Fables*, 1659),

tal como Dante (*Paradiso*, I, 78) y Troilo (V, 1812) la oyeron.

Si el lector tiene a bien repetir el experimento, antes sugerido, de dar un paseo nocturno teniendo presente la astronomía medieval, fácilmente sentirá el efecto de esos dos últimos detalles. El «silencio» que espantó a Pascal era, según el Modelo, completamente ilusorio; y el cielo parece negro solamente porque lo estamos viendo a través

---

[31] «Cada planeta en su propia esfera, creando armonía y música al moverse.»

del oscuro cristal de nuestra propia sombra. Hemos de imaginarnos mirando (hacia) un mundo iluminado, vivo y resonante de música.

Podríamos añadir mucho más todavía. Pero omito los signos, los epiciclos y la eclíptica. Contribuyen menos al efecto emocional (que es mi interés principal) y resultan prácticamente imposibles de explicar sin diagramas.

C. SUS HABITANTES

Como hemos dicho, Dios hace girar el *Primum Mobile*. Un teísta moderno difícilmente haría la pregunta: «¿Cómo?». Pero, esa pregunta se había formulado y respondido mucho antes de la Edad Media, y la respuesta se incorporó al Modelo medieval. Para Aristóteles era evidente que la mayoría de las cosas que se mueven lo hacen porque otro objeto las impulsa. Una mano, ya en movimiento, mueve una espada; un viento, ya en movimiento, mueve un barco. Pero otra característica fundamental de su pensamiento era la de que no puede existir una serie infinita. En consecuencia no podemos seguir explicando un movimiento por otro *ad infinitum*. En última instancia ha de haber algo que, estando inmóvil, inicie el movimiento de todas las demás cosas. Identifica ese Primer Motor con el Dios absolutamente trascendente e inmaterial que «no ocupa lugar ni se ve afectado por el tiempo».[32] Pero no hemos de imaginarlo moviendo las cosas mediante acción positiva alguna, pues eso equivaldría a atribuirle algún tipo de movimiento y en ese caso no habríamos llegado a un Móvil completamente inmóvil. ¿Cómo mueve, entonces, las cosas? Aristóteles responde: χινεῖ ὡς ἐρώμενον, «Las mueve en la medida en que recibe amor».[33] Es decir, que mueve las demás cosas, de igual forma que un objeto de deseo mueve a quienes lo desean. El *Primum Mobile* resultaba movido por su amor a Dios y, al tiempo, comunica el movimiento al resto del universo.

Sería fácil comentar más por extenso la antítesis entre esa teología y la característica del judaísmo (en sus mejores momentos) y del cristianismo. Ambas pueden hablar de «amor de Dios». Pero en una este

---

[32] Véase más arriba, p. 89.
[33] *Metafísica*, 1072b.

significa el sedimento y anhelante amor de las criaturas hacia él; en la otra, su providente amor por aquellas, hasta las cuales desciende. No obstante, no debe considerarse esa antítesis como una contradicción. Un universo real podría dar cabida al «amor de Dios» en ambos sentidos. Aristóteles describe el orden natural que muestra perpetuamente el mundo incorrupto y translunar. San Juan («Aquí está el amor, no el que nosotros ofrecemos a Dios, sino el que Él nos da»)[34] describe el orden de la Gracia que entra en juego aquí en la Tierra porque los hombres han caído. Nótese que, cuando Dante pone fin a la *Comedia* con «el amor que mueve el Sol y los demás astros», se refiere al amor en el sentido aristotélico.

Pero, aunque no haya contradicción, la antítesis explica perfectamente por qué es tan poco evidente el Modelo en los escritores espirituales y por qué es tan diferente la atmósfera del conjunto de sus obras de la de Jean de Meung o incluso de la del propio Dante. Los libros espirituales se proponen fines completamente prácticos, van dirigidos a quienes piden orientación. Solamente el orden de la Gracia es pertinente.

Una vez admitido que el amor de Dios mueve las esferas, un moderno puede preguntar todavía por qué había de adoptar ese movimiento la forma de rotación. Creo que para cualquier antiguo o medieval la respuesta habría sido evidente. El amor procura participar en su objeto, volverse lo más semejante posible a su objeto. Pero los seres creados y finitos nunca pueden compartir totalmente la ubicuidad inmóvil de Dios, de igual forma que el tiempo, por mucho que multiplique sus presentes transitorios, nunca puede alcanzar el *totum simul* de la eternidad. El mayor acercamiento a la ubicuidad divina y perfecta que pueden alcanzar las esferas es el movimiento más rápido y regular posible, en la forma más perfecta, que es la circular. Cada esfera la alcanza en grado menor que la esfera situada por encima de ella y por esa razón tiene una marcha más lenta.

Todo eso entraña que cada esfera, o algo que habite en ella, es un ser consciente e inteligente, movido por «el amor intelectual» de Dios. Y así es. Esas excelentes criaturas reciben el nombre de inteligencias. La relación existente entre la inteligencia de una esfera y la propia esfera como objeto físico se concebía de formas diversas.

---

[34] I Juan iv, 10.

La concepción más antigua era la de que la inteligencia está «en» la esfera, de igual forma que el alma está «en» el cuerpo, con lo que los planetas son, como habría admitido Platón, ζῷα, animales celestes, cuerpos animados o mentes encarnadas. De ahí que Donne, al hablar de nuestros cuerpos, diga: «Nosotros somos las inteligencias,[35] ellos las esferas.» Posteriormente, los escolásticos pensaron de forma diferente. «Declaramos con los escritores sagrados», dice san Alberto Magno,[36] «que los cielos carecen de alma y también los animales, si tomamos la palabra *alma* en su sentido estricto. Pero, si deseamos conciliar la concepción de los científicos (*philosophos*) con la de los escritores sagrados, podemos decir que existen ciertas inteligencias en las esferas... y reciben el nombre de almas de las esferas... pero no mantienen con las esferas la relación que justifica que llamemos al alma (humana) entelequia del cuerpo. Hemos hablado de acuerdo con los científicos, que solo en apariencia contradicen a los escritores sagrados». Santo Tomás de Aquino[37] sigue a san Alberto. «Entre quienes sostienen que son animales y quienes lo niegan, poca o ninguna diferencia encontramos en cuanto a lo sustancial, solamente en cuanto al lenguaje (*in voce tantum*).»

No obstante, las inteligencias planetarias constituyen una parte muy pequeña de la población que habita, como su «lugar idóneo», la vasta región etérea entre la Luna y el *Primum Mobile*. Ya hemos descrito la jerarquía de sus especies.

Durante todo este tiempo estamos describiendo el universo que se extiende en sentido espacial; la dignidad, el poder y la velocidad van disminuyendo progresivamente a medida que descendemos desde su circunferencia hacia su centro, la Tierra. Pero ya he indicado que el universo inteligible lo invierte todo; en él la Tierra es el borde, el margen exterior donde el ser se desvanece en el límite de la nada. Unos versos sorprendentes de *Paradiso* (XXVIII, 25 y ss.) dejan esa imagen grabada en la mente para siempre. En ellos Dante ve a Dios como un punto de luz. Siete anillos de luz concéntricos giran en torno a dicho punto, y el más pequeño y más cercano a este es el que tiene el movimiento más rápido. Este es la inteligencia del *Primum Mobile*, su-

---

[35] *The Extasie*, 51.
[36] *Summa de Creaturis* Iª, Tract. III, Quaest. XVI, Art. 2.
[37] Iª, LXX, Art. 3.

perior al resto en amor y conocimiento. De forma que, cuando nuestras mentes están suficientemente libres de los sentidos, el universo resulta estar vuelto del revés: lo de dentro fuera y lo de fuera dentro. Sin embargo, Dante no está diciendo más –aunque sí con fuerza incomparablemente mayor– de lo que dice Alain, cuando nos coloca a nosotros y a nuestra Tierra «fuera de la muralla de la ciudad». Podemos perfectamente preguntar cómo es que, en ese mundo translunar que no ha conocido la caída, pueden existir fenómenos como los de los planetas «malos» o «maléficos». Pero, son malos solamente en relación con nosotros. En su vertiente psicológica, esa respuesta está implícita en la distribución que hace Dante de las almas bienaventuradas en sus diferentes planetas después de la muerte. El temperamento procedente de cada planeta puede recibir un uso bueno o malo. Si hemos nacido bajo el signo de Saturno, estamos en condiciones de llegar a ser bien melancólicos y malcontentos bien grandes contemplativos; bajo el de Marte, Atilas o mártires. Aun el mal uso de la psicología impuesta por nuestros astros puede conducir, mediante el arrepentimiento, a su tipo apropiado de beatitud; como en el caso de la Cunizza de Dante. No hay duda de que se puede hacer frente de igual forma a los otros efectos malos de los «infortunios»: las plagas y desastres. La culpa corresponde, no a la influencia, sino a la naturaleza terrestre que la recibe. En una Tierra que ha conocido la caída, la justicia divina permite que nosotros y nuestra Tierra y aire respondamos así, de forma catastrófica, a las influencias que en sí mismas son buenas. Las «malas» influencias son aquellas de las que nuestro mundo corrompido ya no puede hacer buen uso; el paciente malo hace que los efectos del agente sean malos. La descripción más completa que he encontrado de esto figura en un libro proscrito de la última época; pero no proscrito, supongo, a causa de dicha descripción. Se trata del *Cantica Tria* de Franciscus Georgius Venetus (*ob.* 1540).[38] Si todas las cosas de aquí abajo tuvieran una disposición adecuada para con los cielos, todas las influencias, como enseñó Trimegisto, serían extraordinariamente buenas (*optimos*). Cuando van seguidas de un efecto malo, debemos atribuir este a la mala disposición del sujeto (*indisposito subjecto*).[39]

---

[38] *Parisiis*, 1543.
[39] *Cantici Primi*, tomo III, cap. 8.

Pero ya es hora de que descendamos por debajo de la Luna, que pasemos del éter al aire. Este último, como ya sabe el lector, es el «lugar idóneo» de los seres aéreos, los demonios. En la obra de Layamon, el cual sigue a Apuleyo, esas criaturas pueden ser buenas o malas. Lo mismo siguen siendo para Bernardo, quien divide el aire en dos regiones, y coloca en la parte superior y más tranquila a los buenos; y a los malos, en la inferior y más turbulenta.[40] Pero, a medida que fue avanzando la Edad Media, fue ganando terreno la opinión de que todos los demonios eran igualmente malos; que, de hecho, eran ángeles caídos o «diablos». Alain adopta esa opinión, cuando en el Anticlaudiano (IV, v) habla de los «ciudadanos aéxeos», para los cuales el aire es una prisión; Chaucer recordó ese pasaje.[41] Santo Tomás de Aquino equipara claramente a los demonios con los diablos.[42] El paisaje paulino en la Epístola a los Efesios (ii, 2) sobre «el príncipe de los poderes del aire» probablemente tenía mucho que ver con esto y también con la asociación popular entre brujería y mal tiempo. De ahí que el Satán de Milton en *Paradise Regained* llame al aire «nuestra última conquista» (I, 46). Pero, como veremos, quedaban pendientes muchas dudas sobre los demonios, y el neoplatonismo renacentista resucitó la antigua concepción, mientras que los cazadores de brujas renacentistas se fueron sintiendo cada vez más seguros de la nueva. El «espíritu servidor» de *Comus* recibe el nombre de «demonio» en el manuscrito del Trinity College.

Todo esto bastaría con respecto a los demonios, si estuviéramos del todo seguros de que estaban confinados en el aire y nunca apareciesen identificados con criaturas que llevan el mismo nombre. Volveré a tratar de ellos en el próximo capítulo.

No confío mucho en lograr convencer al lector para que dé un tercer paseo experimental de noche. Pero quizá, sin darlo, pueda ahora mejorar su representación de aquel universo antiguo añadiendo los retoques finales que esta sección ha indicado. Cualesquiera que sean los otros sentimientos que un moderno experimente cuando mira la noche estrellada, lo que es seguro es que siente que está mirando hacia afuera, como quien mira desde el salón de la entrada hacia el

---

[40] *Op. cit.* 11, *Pros.* VII, pp. 49-50.

[41] *Hous of Fame* II, 929.

[42] Iª, LXIV, i, *et passim*.

oscuro Atlántico o desde el atrio iluminado hacia páramos oscuros y solitarios. Pero, si aceptamos el Modelo medieval, sentiremos como quien mira *hacia dentro*. La Tierra está «fuera de la muralla de la ciudad». Cuando el Sol está arriba, nos deslumbra y no podemos ver lo que hay en el interior. La oscuridad, nuestra propia oscuridad, retira el velo y vislumbramos por un instante las excelsas magnificencias que hay dentro: la vasta concavidad iluminada, colmada de música y vida. Y, al mirar dentro de ella, no vemos, como el Lucifer de Meredith, «el ejército de la ley inalterable», sino más que nada la algazara del amor insaciable. Estamos mirando la actividad de criaturas cuya experiencia solamente puede compararse imperfectamente con la de quien está bebiendo y su sed está deleitándose sin haberse saciado todavía. Pues ejercen sin impedimento su facultad más elevada en el objeto más noble; sin saciarse, dado que nunca pueden llegar a hacer completamente suya la perfección de Él y sin embargo, sin sentirse frustradas en ningún momento, puesto que cada instante se aproximan a Él en la mayor medida que les está permitida. No hemos de admirarnos de que un cuadro antiguo[43] represente la inteligencia del *Primum Mobile* como una muchacha bailando y jugando con su esfera, como si esta fuera una pelota. Entonces, tras haber dejado de lado la teología o ateología en que creamos, dirijamos nuestra mente hacia arriba, pasando un cielo tras otro, hasta llegar a Aquel que es el auténtico centro –para nuestros sentidos, la circunferencia– de todo; la presa que todos esos cazadores incansables persiguen, la vela en torno a la cual se mueven, sin quemarse, todas esas polillas.

Esa imagen es exclusivamente religiosa. Pero, ¿es concretamente cristiana? Indudablemente existe una diferencia patente entre este Modelo, en el que Dios es mucho menos amante que amado y el hombre es una criatura marginal, y la imagen cristiana en que los elementos centrales son la caída del hombre y la encarnación de Dios en hombre para redimir a los hombres. Como he indicado antes, puede que no haya una contradicción lógica absoluta. Podemos decir que el Buen Pastor va a buscar la oveja extraviada porque se ha perdido, no porque fuera la más hermosa del rebaño. Podría haber sido la menos hermosa. Pero, como mínimo, queda una profunda discordancia de esferas. Esa es la razón por la que esta cosmología desempeña un

---

[43] Seznec, *op. cit.*, p. 139.

papel tan poco importante en los escritores espirituales y no va unida a un profundo ardor religioso en ninguno de los escritores que
conozco, salvo el propio Dante. Otra indicación de la divergencia es
la siguiente. Era de esperar que un universo tan repleto de radiantes
criaturas sobrehumanas fuese un peligro para el monoteísmo. Y, sin
embargo, en la Edad Media el peligro para el monoteísmo procedió,
no de un culto a los ángeles, sino del culto a los santos. En general,
cuando los hombres rezaban, no pensaban en las jerarquías e inteligencias. Creo que no había oposición, sino disociación, entre su vida
religiosa y todo aquello. Con respecto a un punto podríamos haber
supuesto que se había de producir la contradición. ¿Ha de perecer el
último día todo ese admirable universo perfecto y sin pecado, situado por todas partes más allá de la Luna? Parece que no. Cuando las
Escrituras dicen que las estrellas caerán (Mat. XXIV, 29), podemos
interpretarlo «metafóricamente»; puede significar que los tiranos y
magnates resultarán humillados. O puede ser que las estrellas que
han de caer sean simplemente meteoritos. Y san Pedro (II Ped. iii, 3 y
ss.) dice únicamente que el universo quedará destruido por el fuego
de igual forma que una vez lo fue por el agua. Pero nadie piensa que
el diluvio llegase hasta las regiones translunares: entonces ninguna
de ellas necesitaba el fuego.[44] Dante exime a los cielos altos de la catástrofe final; en *Paradiso*, VII, nos dice que todo lo que fluye inmediatamente de Dios, *senza mezzo distilla* (61), nunca tendrá fin. El mundo sublunar no se creó inmediatamente; sus elementos los hicieron
agentes semidioses. Al hombre lo hizo Dios directamente; de ahí su
inmortalidad; también a los ángeles y, al parecer, no solo a ellos, sino
también el *paese sincero nel qual tu sei* (130), «esa región inmaculada en
que te encuentras». Si lo interpretamos literalmente, el mundo translunar nunca resultará destruido; solamente los (cuatro) elementos
situados por debajo de la Luna perecerán «con ardiente calor».

Raras veces ha encontrado la imaginación humana un objeto or-
denado de forma tan sublime como el cosmos medieval. Si tiene algún defecto estético, quizá sea, para nosotros que hemos conocido el
romanticismo, su apariencia demasiado ordenada. A pesar de todos
sus vastos espacios, al final puede angustiarnos con una especie de

---

[44] San Agustín, *De Civitate*, XX, X xviii, xxiv. Santo Tomás de Aquino, IIIª, Su-
plemento, Q. LXXIV, art. 4.

claustrofobia. ¿No hay la menor vaguedad en ningún lugar? ¿Ni caminos por descubrir? ¿Ni crepúsculo? ¿No podemos verdaderamente nunca salir al exterior? Es posible que el próximo capítulo nos dé cierta sensación de alivio.

6
Los «Longaevi»

Hay algo siniestro en el hecho de colocar a un
leprechaun[1] en un taller. El único consuelo de peso
es que no hay duda de que no trabajará.

CHESTERTON

He colocado a los *Longaevi* o longevos en un capítulo aparte, porque
su lugar de residencia es dudoso: entre el aire y la Tierra. Otra cuestión es la de si son suficientemente importantes como para justificar
dicha disposición. En cierto sentido, si se me permite el oxímoron,
su importancia reside en su insignificancia. Son criaturas marginales, fugitivas. Quizá sean las únicas criaturas a las que el Modelo no
asigna, por decirlo así, una posición oficial. En ello reside su valor
imaginativo. Suavizan la clásica severidad del plan total. Introducen
una providencial sugerencia de vida salvaje e incertidumbre en un
universo que corre peligro de ser demasiado claro, demasiado lúcido.

He tomado su nombre, *Longaevi*, de Marciano Capella, quien cita
«comunidades de *Longaevi* danzarines que rondan por bosques, claros y alamedas, por lagos, manantiales y arroyos; cuyos nombres son
panes, faunos, sátiros, silvanos, ninfas…».[2] Bernardo Silvestre, sin
usar la palabra *Longaevi*, describe criaturas semejantes –«silvanos,
panes y nereidas»– de las que dice que tienen «vida más larga» (que
la nuestra), aunque no son inmortales. Son inocentes –«de conducta
intachable»– y sus cuerpos de una pureza elemental.[3]

Otra posibilidad habría sido la de llamarlos duendes. Pero esta palabra, desgastada por pantomimas y malos libros infantiles con peo-

---

[1] Leprechaun: duende del folklore irlandés con la figura de un viejecito que puede revelar a quien lo atrape el lugar donde está enterrada una olla de oro. (*N. del T.*)

[2] *De Nuptiis Mercurii et Philologiae*, ed. de F. Eyssenhardt (Lipsiae, 1866), 11,
167, p. 45.

[3] *Op. cit.*, 11 *Pros.* VII, p. 50.

res ilustraciones, habría sido peligrosa como título de un capítulo. Podría invitarnos a atribuir al tema los rasgos del concepto moderno y vulgar de duende y a leer los textos antiguos en función de dicho concepto. Naturalmente, el método adecuado es el opuesto; debemos acudir sin prejuicios a los textos y enterarnos de lo que significaba la palabra *duende* para nuestros antepasados.

Un buen comienzo es la información que proporcionan tres pasajes de la obra de Milton:

(1) *No evil thing that walks by night*
In fog or fire, lake or moorish fen,
Blue meagre Hag or stubborn unlaid ghost–
No goblin or swart Faery of the mine.[4]
(*Comus*, 432 y ss.)

(2) *Like that Pigmean Race*
Beyond the Indian Mount, or Faery Elves,
Whose midnight Revels, by a Forest side
Or Fountain sorne belated Peasant sees...[5]
(*Paradise Lost*, I, 780 y ss.)

(3) *And Ladies of th'Hesperides, that seem'd*
Fairer than feign'd of old, or fabl'd since
Of Fairy Damsels met in Forest wide
By Knights of Logres, or of Lyones–[6]
(*Paradise Regained*, II, 357 y ss.)

Milton vivió en una época demasiado tardía como para documentar las creencias medievales. Para nosotros, el valor de estos textos suyos reside en que nos revelan la complejidad de la tradición que la Edad

---

[4] «Ningún ser maligno que deambula de noche, en la niebla o el fuego, en los lagos o los pantanos, bruja lívida y flaca o fantasma que vaga sin cesar, ningún trasgo u oscuro duende de las profundidades.»

[5] «Como esa raza de pigmeos, más allá del monte indio, o duendes, cuyas nocturnas algazaras, cerca de los bosques o manantiales, son observadas por algún campesino sorprendido por la noche.»

[6] «Y señoras de las Hespérides, que parecían más hermosas de lo que jamás pudo describirse, de bellas jóvenes con las que se encontraban en los bosques remotos los caballeros de Logres o de Lyones.»

Media había legado a él y a su público. Probablemente Milton nunca relacionó conscientemente esos tres textos que hemos citado. Cada uno de ellos confía en obtener una respuesta diferente de parte de sus lectores ante la palabrá *duende*. Los lectores estaban igualmente condicionados con respecto a las tres respuestas y podía confiarse en que darían la que correspondía en cada caso. Otro testimonio, anterior y quizá más sorprendente, de esta complejidad es el hecho de que en la misma isla y en el mismo siglo Spenser pudiese hacer un cumplido a Isabel I al identificarla con la *Faerie Queen* («reina de los duendes») y que en 1576 se pudiese quemar a una mujer en Edimburgo por «tener tratos» con los duendes y con la *Queen of Elfame*.[7]

En *Comus* el «duende negro» aparece clasificado entre los seres horrorosos. Ese es uno de los hilos de la tradición. *Beowulf* coloca a los duendes (*ylfe*, 111) junto a enanos y gigantes en su calidad de enemigos de Dios. En la balada de *Isabel and the Elf-Knight*, el caballero duende es una especie de Barba Azul. En la obra de Gower, el calumniador de Constance dice que esta es «de la raza de los duendes», porque ha dado a luz a un monstruo (*Confessio*, II, 964 y ss.). El *Catholicon Anglicum* de 1483 da *lamia* y *eumenis* («furia») como correspondencias latinas de duende; la *Vulgaria* de Horman da *strix* y *lamia*. Sentimos la tentación de preguntar: ¿por qué no *nympha*?». Pero *ninfa* no habría mejorado la situación. También podía ser un nombre terrorífico para nuestros antepasados. «¿Quiénes son esos duendes demoníacos que me ponen los pelos de punta?», grita Corsites en el *Endymion* de Lyly (IV, iii): «¡Brujas! ¡Fuera de aquí! ¡Ninfas!» Drayton en *Mortimer to Queen Isabel* habla de «la desgrañada y espantosa ninfa del mar» (77). Athanasius Kircher dice a una aparición: «¡Ay! Temo que seas uno de esos demonios a los que los antiguos llamaban ninfas», y recibe la garantía: «No soy ni Lilith ni lamia.»[8] Reginald Scott cita a los duendes (y a las ninfas) entre los fantasmas que se usan para asustar a los niños: «Las doncellas de nuestras madres nos han aterrorizado tanto con cocos, espíritus, brujas, duendes, hechiceras, trasgos, panes, faunos, silenos, tritones, centauros, enanos, gigantes, ninfas, íncubos, Robín el Bueno, el hombre del roble, el

---

[7] M. W. Latham, *The Elizabethan Fairies* (Columbia, 1940), p. 16. Muchos de los datos que figuran en este capítulo proceden de este libro.

[8] *Iter Extaticum II qui et Mundi Subterranei Prodromos dicitur* (Romae, Typis Mascardi, MDCL VII), II, i.

dragón que echa fuego, el coco, Tom Thombe, Tom el saltimbanqui y otros fantasmas por el estilo.»[9]

Aquella sombría forma de considerar a los duendes fue ganando terreno, creo, en el siglo xvi y a comienzos del xvii, época preocupada por las brujas de forma desmesurada. Holinshed no encontró en Boecio, pero añadió a este, la sugerencia de que las tres mujeres que tientan a Macbeth podrían ser «ninfas o duendes». Tampoco ha desaparecido completamente ese temor hasta ahora, excepto en los lugares donde ya no existe la creencia en los duendes. Yo mismo he pernoctado en un lugar solitario de Irlanda por el que, según decían, rondaban tanto un espíritu como la (así llamada eufemísticamente) «buena gente». Pero me dieron a entender que eran los duendes más que el espíritu quienes inducían a mis vecinos a evitarlo por la noche.

La lista de fantasmas que da Reginald Scot plantea una cuestión en la que vale la pena que nos detengamos brevemente. Algunos estudios folklóricos se ocupan casi exclusivamente de la genealogía de las creencias, de la decadencia de los dioses al convertirse en duendes. Se trata de una investigación perfectamente legítima y del mayor interés. Pero la lista de Scot muestra que, cuando nos preguntamos por el bagaje que contenían las mentes de nuestros antepasados y por los sentimientos que abrigaban con respecto a él –siempre con vistas a entender mejor lo que escribieron–, la cuestión de los orígenes no es muy pertinente. Puede que conociesen las fuentes de los fantasmas que obsesionaban su imaginación y puede que no. En algunos casos no hay duda de que sí. Giraldus Cambrensis sabía que en un tiempo Morgan había visto una diosa celta, *dea quaedam phantastica*, como dice en el *Speculum Ecclesiae* (II, ix); cosa que también sabía –quizás a través de este último– el autor de Gawain (2 452). Y cualquier contemporáneo de Scot debía de saber que sus sátiros, panes y faunos eran clásicos, mientras que su «Tom Thombe» y «el trasgo» no lo eran. Pero, evidentemente, las consecuencias son las mismas: todos ellos afectan a la mentalidad de igual forma. Y si todos ellos se conocían a través de «las doncellas de nuestras madres», era natural que así fuese. Entonces, la pregunta apropiada sería la de por qué nos afectan de forma tan diferente. Pues supongo que la mayoría de nosotros, aun hoy, puede entender que un hombre temiese a las brujas

---

[9] *Discouerie of Witchcraft* (1584), VII, XV.

o a los «espíritus», mientras que la mayoría de nosotros imagina que el encuentro con una ninfa o un tritón, en caso de que fuese posible, sería delicioso. Todavía hoy las figuras autóctonas no son tan completamente inofensivas como las clásicas. Creo que la razón es que las figuras clásicas superan –sin lugar a dudas en el tiempo y quizás en otros sentidos también– hasta nuestras creencias a medias y, por esa razón, hasta nuestros temores imaginarios. Si a Wordsworth le pareció atractiva la idea de ver a Proteo emerger del mar, se debía en parte a que sabía perfectamente que nunca ocurriría. Menos seguro se habría sentido de no ver nunca a un espíritu; en consecuencia, habría sentido menos deseo de ver uno.

El segundo pasaje de Milton nos presenta una concepción diferente de los duendes. Nos es más familiar, porque Shakespeare, Drayton y William Browne la usaron literariamente; de dicho uso proceden los diminutos duendes (casi del tamaño de insectos) de la convención moderna y falsificada, con sus antenas y delgadas alas. Milton compara sus *Faery Elves* con la «raza pigmea». Igualmente, en la balada de *The Wee Wee Man*:

> *When we came to the stair foot*
> *Ladies were dancing jimp and sma*.[10]

Richard Bovet en su *Pandemonium* (1684) dice que los duendes «tienen aspecto de hombres y mujeres de estatura generalmente aproximada a la más pequeña de un hombre». Burton cita «lugares de Alemania donde suelen llevar pequeñas capas de unos dos pies de largo».[11] Una criada que tuvimos en mi casa, cuando yo era niño, la cual los había visto cerca de *Dundrum en Country Down*, los describía como del «tamaño de niños» (sin especificar la edad).

Pero, después de haber dicho «más pequeños que hombres», no podemos definir con mayor precisión el tamaño de dichos duendes. Solemnes discusiones sobre si eran simplemente enanos o liliputienses, o incluso del tamaño de los insectos, están fuera de lugar aquí;

---

[10] «Cuando llegamos al pie de la escalera había unas damas graciosas y esbeltas bailando.»

[11] Pt. 1, 2, M. 1, subs. 2.

y ello por una razón de la que ya he hablado antes.[12] Como dije entonces, la imaginación visual de los escritores medievales y anteriores nunca trabajó a escala por mucho tiempo. En realidad, no puedo pensar en ningún libro anterior a *Gulliver* que lo intentase seriamente. ¿Cuáles eran los tamaños relativos de Thor y los gigantes en el *Edda en prosa*? No hay respuesta. En el cap. XLV el guante de un gigante les parece a los tres dioses un gran salón, y su pulgar, una habitación lateral que dos de ellos usan como dormitorio. Eso supondría que un dios era a un gigante lo que una pequeña mosca a un hombre. Pero, en el capítulo siguiente precisamente, Thor está cenando con los gigantes y puede empinar el cuerno que le ofrecen, aunque por alguna razón especial no pueda beber. No hemos de esperar que, en una época en que se podían escribir tales cosas, se nos dé una descripción coherente de la estatura de los duendes. Y siguió pudiéndose escribir así durante siglos. Incluso en pasajes cuyo contenido principal consiste en reducir las cosas de acuerdo con una escala prevalece la confusión más absoluta. Drayton en *Nimphidia* hace que Oberón sea lo suficientemente grande como para cazar una avispa con sus brazos en el verso 201, y tan pequeño como para cabalgar sobre una hormiga en el verso 242; igualmente habría podido hacer que pudiese levantar un elefante y cabalgar un fox-terrier. No pretendo sugerir que no se pueda esperar en ningún caso que aquel mundo tan artificial constituya un testimonio fiel de las creencias populares. La cuestión es, sobre todo, que ninguna obra escrita en una época en que se aceptaban tales incoherencias proporcionará dicho testimonio y que es probable que la creencia popular fuese tan absolutamente vaga e incoherente como la literatura.

El pequeño tamaño (sin especificar) de esos duendes es menos importante que otras circunstancias suyas. Los *Faery Elves* de Milton «están alegres y bailan absortos» (I, 786). El campesino se ha topado con ellos. Los del tipo anterior, los *Swart Faery of the Mine*, podrían salirte al paso intencionadamente y, entonces, sin duda sus intenciones serían siniestras; los de este tipo, no. Aparecen –muchas veces sin que se nos indique que sean más pequeños que el hombre– en

---

[12] Véase más arriba, pp. 93.

lugares donde no habrían esperado que hubiese mortal alguno que los pudiese ver:

And ofte in forme of womman in moni deome weie
Me sicht of hom gret companie bothe hoppe and pleie.[13]

En el cuento de la Comadre de Bath vuelve a aparecer la danza y se desvanece ante la proximidad de un espectador humano (D 991 y ss.). Spenser se apropió el motivo e hizo que sus gracias bailarinas se desvanecieran, cuando Calidore interrumpe su algazara (F. Q. VI, x). Thomson habla de ese tipo de desapariciones en *The Castle of Indolence* (1, xxx).

No hace falta insistir en la diferencia entre estos duendes y los citados en *Comus* o en la *Discouerie* de Reginald Scot. Es cierto que incluso el segundo tipo puede ser ligeramente inquietante; el corazón del campesino de Milton late «con alegría y miedo a la vez». La visión sobrecoge por su carácter excepcional. Pero no hay horror o aversión por parte de los hombres. Son esas criaturas las que huyen del hombre, no el hombre de ellas; y el mortal que las observa (solo a condición de permanecer oculto, a su vez) siente que está cometiendo una especie de trasgresión. Su deleite consiste en ver casualmente –en un vislumbre momentáneo– una alegría y delicadeza para las cuales nuestra vida laboriosa carece pura y simplemente de sentido.

Ese tipo es el que hicieron suyo Drayton y Shakespeare (muy torpemente el primero, con gran brillantez el segundo) y se convirtió en un recurso cómico que, desde el principio, había perdido casi todo el sabor de la creencia popular. Desde Shakespeare, modificados (me parece) por los silfos de Pope, van descendiendo cada vez con menor vitalidad y mayor trivialidad hasta llegar a los duendes que se supone han de gustar a los niños; según sé por experiencia propia, erróneamente.

Con las «hadas» del tercer pasaje de Milton nos encontramos ante un tipo de duendes que es más importante para el lector de literatura medieval y menos familiar a la imaginación moderna. Y requiere la respuesta más difícil de nuestra parte.

---

[13] «A menudo, en distintas formas de mujer, tanto saltando como jugando soy del hombre gran compañía.» *South English Legendary*, ed. cit., vol. II, p. 410.

A las hadas se las «encuentra en pleno bosque». *Encontrar* es la palabra clave. No se trata de un encuentro accidental. Han llegado hasta nosotros y sus intenciones suelen ser (aunque no siempre) amorosas. Son las *fées* de las narraciones francesas, las *fays* de las inglesas, las *fate* de las italianas. La amante de Launfal, la dama que secuestró a *Thomas the Rhymer*, los duendes de *Orfeo, Barcilak de Gawain* (que recibe el nombre de *alvish man* en el verso 681) pertenecen a ese tipo. *Morgan le Fay* de Malory está humanizada; su equivalente italiana, *Fata Morgana*, es una duende enteramente. Merlín –que es solo a medias humano por la sangre y nunca aparece practicando la magia como un arte– casi pertenece a dicho tipo. Suelen ser por lo menos de estatura humana normal. La excepción es Oberón de *Huon of Bordeaux*, que es enano, pero por su belleza, seriedad y carácter casi divino debemos clasificarlo entre los (llamémoslos así) duendes superiores.

Dichos duendes superiores ostentan una combinación de características que nos resultan difíciles de asimilar.

Por una parte, siempre que encontramos una descripción de ellos, nos sorprende su esplendor, sólido, brillante y profundamente material. Podemos empezar con un duende, no real, sino que simplemente parecía, por su aspecto, proceder de fairie («reino de los duendes»). Se trata del joven donjuán de Gower (V. 7 073). Lleva su rizado pelo bien peinado y va coronado con una guirnalda de hojas verdes; en una palabra, «muy acicalado». Pero los duendes superiores propiamente dichos lo están mucho más. Donde un moderno esperaría lo misterioso y tenebroso, encuentra el esplendor de la riqueza y el lujo. El rey duende de Sir Orfeo llega con más de cien caballeros y damas montados en caballos blancos. Su corona se compone de una sola gema enorme y tan brillante como el Sol (142-52). Cuando lo seguimos hasta su país, no encontramos en este cosa tenebrosa o irreal alguna; encontramos un castillo que resplandece como el cristal, cien torres, un foso, arbotantes de oro, ricas esculturas (355 y ss.). En *Thomas the Rhymer* lleva seda verde y una capa de terciopelo y las crines de su caballo tintinean con cincuenta y nueve campanillas de plata. En Gawain aparecen descritos con prolijidad casi repelente los costosos trajes y pertrechos de Barcilak (151-220). El duende de *Sir Launfal* ha vestido a todas sus doncellas con las *Inde sandel* («sandalias de la India»), terciopelo verde bordado en oro y guirnaldas que llevan sesenta piedras preciosas cada una (232-239). Su tienda es de estilo sarraceno, las borlas de sus montantes son de cristal y toda ella está coronada por un águila de oro, tan adornada con esmaltes y rubíes, que ni Alejandro ni Arturo poseyeron nada tan precioso (266-76).

Podemos suponer cierta vulgaridad imaginativa en todo eso: como si ser un duende superior equivaliese a ser un nuevo rico. Evidentemente, no mejoramos la situación al recordar que el cielo y los santos muchas veces se describían en términos muy parecidos. No hay duda de que es *naif*; pero la acusación de vulgaridad quizá constituya un error. En el mundo moderno, el lujo y el esplendor material no necesitan ir unidos a otra cosa que al dinero, y además, en la mayoría de los casos, son muy feos. Pero lo que el hombre medieval veía en las cortes reales y feudales, e imaginaba superado en *faerie* («el país de los duendes») y más todavía en el cielo, no lo era. La arquitectura, las armas, las coronas, los vestidos, los caballos y la música eran bellos casi sin excepción. Todos ellos eran simbólicos y significativos: de la santidad, de la autoridad, del valor, de la nobleza o, en el peor de los casos, del poder. Iban acompañados –cosa que no ocurre con el lujo moderno– de gracia y cortesía. Por tanto, se los podía admirar ingenuamente sin que ello degradase al admirador.

Así, que esa es una de las características de los duendes superiores. Pero, a pesar de dicho esplendor material, que se nos muestra a plena luz y con un detallismo fotográfico, pueden ser tan escurridizos como esos *Faery Elves* que se vislumbran por un instante bailando «en un rincón del bosque o junto a una fuente». Orfeo espera al rey de los duendes con una guardia de cien caballeros, pero de nada sirve. Raptan a su mujer y nadie puede ver cómo: *with fairi forth ynome* («raptada por los duendes») y *man wist never wher she was bicorne* («nadie supo nunca qué fue de ella») [193-4]. Antes de que volvamos a ver a los duendes en su propio país, se han transformado en «un silbido y un griterío tenues» que se oyen en la lejanía de los bosques. Launfal solamente puede encontrarse con su amante en secreto, en *derne stede*; allí se le aparece, pero nadie la verá llegar (353 y ss.).

Pero, cuando ya está allí, es claramente de carne y hueso. Los duendes superiores son seres vitales, enérgicos, testarudos y apasionados. El hada de Launfal está tumbada en su rica tienda, desnuda de cintura para arriba, blanca como un lirio, roja como una rosa. Sus primeras palabras son para requerirlo de amores. Sigue una comida excelente, y después a la cama (289-348). El hada de *Thomas the Rhymer* se muestra, dentro de la brevedad que permite una balada, como una criatura agitada y juguetona, a *lady gay come out to hunt in her follee*. Barcilak es el mejor de todos por su mezcla de ferocidad y cordialidad, su dominio absoluto de todas las situaciones, su impulsiva alegría. Dos descripciones de duendes –una anterior a la otra– se acercan más a los duendes superiores de la Edad Media que nada de lo que nuestras imaginaciones pudieran crear. A nosotros la expresión duende alborotador nos parecería una especie de oxímoron. Pero Robert Kirk en su *Secret Commonwealth* (1691) llama a algunos de ellos «bravos como hombres intrépidos y furiosos». Y un poeta irlandés antiguo los describe como batallones de enemigos que devastan toda tierra que atacan, grandes asesinos, ruidosos en la taberna, cantarines.[14] Podemos imaginar al rey duende de *Sir Orfeo* o a Barcilak sintiéndose como en familia con ellos.

Si hemos de llamar a los duendes superiores «espíritus» en sentido alguno, debemos tener presente constantemente el aviso de Blake de que «un espíritu y una visión no son, como la filosofía moderna supone, un vapor semejante a una nube o una insignificancia; están organizados y articulados minuciosamente y mejor que todo lo que pueda producir la naturaleza mortal y perecedera».[15] Y si los llamamos «sobrenaturales», debemos saber con claridad qué queremos decir. En cierto sentido, su vida es más natural –más sana, más despreocupada, menos inhibida, más orgullosa y libre en su apasionamiento– que la nuestra. No están sujetos a la perpetua esclavitud de los animales con respecto a la comida, la defensa y la procreación, ni a las responsabilidades, vergüenzas, escrúpulos y melancolía del hombre. Quizá tampoco a la muerte; pero de eso hablaremos más adelante.

Esos son, descritos brevemente, los tres tipos de duendes o *Longaevi* que encontramos en nuestra literatura más antigua. No sé hasta qué punto se creyó en ellos, con qué intensidad y por quiénes. Pero había suficiente creencia como para producir teorías opuestas sobre su naturaleza; intentos –que nunca consiguieron su objetivo– de hacer encajar a aquellos vagabundos sin ley dentro del Modelo.

Voy a citar cuatro.

---

[14] Véase L. Abercrombie, *Romanticism* (1926), p. 53.
[15] *Descriptive Catalogue*, IV.

1. Que eran una tercera especie racional distinta de los ángeles y de los hombres. Se la podía concebir de diversas formas. Los «silvanos, panes y nereidas» de Bernardo, que viven más tiempo que nosotros pero no para siempre, son claramente una especie racional (y terrestre) distinta de la nuestra y, a pesar de sus nombres clásicos, se podrían identificar con los duendes. De ahí que Douglas en su *Eneados* glose la expresión *Fauni nymphaeum* de Virgilio (VIII, 314) con el verso *Quhilk fair folkis or than elvis cleping we*. La *fata* de Boiardo, que explica que, como todos los de su especie, no puede morir hasta el día del juicio final,[16] supone la misma concepción. Otra posible concepción podía encontrar la tercera especie buscada entre los espíritus que, de acuerdo con el principio de plenitud, existían en todo elemento:[17] los «espíritus de todo elemento» de *Faustus* (151), los «tetrarcas del fuego, del aire, del agua y de la tierra» de *Paradise Regained* (IV, 201). El Ariel de Shakespeare, figura incomparablemente más seria que ninguna de las del *Dream*, sería un tetrarca del aire. No obstante, la descripción más precisa de los espíritus que viven en los elementos revelaría que solo una de sus clases se identifica con los duendes. Paracelso,[18] enumera: (a) *Nymphae* o *Undinae*, del agua, que son de la estatura de los hombres, y hablan. (b) *Sylphi* o *Silvestres*, del aire. Son mayores que los hombres y no hablan. (e) *Gnomi* o *Pygmaei*, de la tierra: de unos dos palmos de altos y extraordinariamente taciturnos. (d) Salamandra o Vulcani, del fuego. Las ninfas u ondinas son claramente de la raza de los duendes. Los gnomos están más próximos a los enanos de *Märchen*. Paracelso sería un autor demasiado moderno para mi objetivo, si no hubiese razón para suponer que está usando –en parte por lo menos– folklore de época muy anterior. En el siglo XIV, la familia de Lusignan se jactó de contar con un espíritu del agua entre sus antepasados.[19] Posteriormente vemos aparecer la teoría de una tercera especie racional sin intentos de identificarla. El *Discourse concerning Devils and Spirits*, añadido en 1665 a la *Discouerie* de Scot, dice que «su naturaleza es intermedia entre el cielo y el infierno... reinan en un tercer reino, y no han de esperar nunca ni juicio ni sentencia». Por último, Kirk en su *Secret Commonwealth* los identifica

---

[16] *Orlando Innamorato*, II, xxvi, 15.

[17] Ficino, *Theologia Platonica de Immortalitate*, IV, i.

[18] *De Nymphis*, etc., 1, 2, 3, 6.

[19] S. Runciman, *History of the Crusades* (1954), vol. II, p. 424.

con esos seres aéreos que ya he tenido tantas ocasiones de citar: «de naturaleza intermedia entre el hombre y el ángel, como se pensaba antiguamente que eran los demonios».

2. Que son ángeles, pero una clase especial de ángeles, que han resultado «degradados», de acuerdo con nuestro lenguaje. Esa opinión aparece desarrollada con cierta extensión en el *South English Legendary*.[20] Cuando Lucifer se rebeló, a él y a sus seguidores los expulsaron al infierno. Pero había también ángeles que *somdel with him hulde*: compañeros de viaje que no se adhirieron efectivamente a la rebelión. A ésos se los confinó en los niveles inferiores y más turbulentos de la región aérea. Permanecen allí hasta el día del juicio, después del cual van al infierno. Y, en tercer lugar, había lo que supongo podríamos llamar un grupo de centro: ángeles que solo eran *somdel in misthought*, casi culpables de rebelión, pero no del todo. A esos se los confinó, a unos en los niveles superiores y más tranquilos del aire; a otros, en diferentes lugares de la Tierra, entre otros el Paraíso terrenal. Tanto el segundo como el tercer grupo comunican a veces con los hombres en sueños. Muchos de aquellos a los que los hombres han visto bailando y a los cuales han dado el nombre de eluene regresarán al cielo el día del juicio.

3. Que son muertos o alguna clase especial de muertos. Al final del siglo XII, Walter Map en su *De nugis Curialium* cuenta en dos ocasiones[21] la siguiente historia. En su tiempo había una familia llamada «los hijos de la muerta» (*filii mortuae*). Un caballero bretón había enterrado a su esposa, que había muerto real y verdaderamente: *re vera mortuam*. Posteriormente, al pasar de noche por un valle solitario, la vio viva entre un gran grupo de damas. Se asustó y se preguntó qué estarían haciendo «los duendes» (*a fatis*), pero se la arrebató a ellos y se la llevó. Vivió feliz durante varios años y tuvo hijos. De igual forma, en la historia de Rosiphelee,[22] obra de Gower, el grupo de damas, que son en todos los sentidos exactamente como los duendes superiores, resultan ser mujeres muertas. Boccaccio cuenta la misma historia y Dryden la tomó de él en su *Theodore and Honoria*. Recuérdese que en *Thomas the Rhymer* el duende lleva a Thomas hasta un lugar donde el

---

[20] Vol. II, pp. 408-10.
[21] II, xiii; IV, viii.
[22] IV, 1.245 y SS.

camino se divide en tres, que conducen respectivamente al cielo, al infierno y a *fair Elfiand* («la dulce tierra de los duendes»). Algunos de los que lleguen a esta última irán finalmente al infierno, pues el demonio tiene derecho al diez por ciento de ellos cada siete años. En Orfeo el poeta parece no poder decidirse sobre si el lugar donde los duendes han llevado a *Dame Heurodis* es o no la tierra de los muertos. Al principio todo parece muy claro. Está llena de personas que se supuso habían muerto, pero no era así (389-90). Podemos imaginarlo: algunos de los que pensamos que han muerto están simplemente «con los duendes». Pero poco después resulta estar llena de personas que han muerto realmente: los decapitados, los estrangulados, los ahogados, las que murieron en el parto (391-400). Más adelante vuelve a citar a los que trajeron los duendes, después de haberlos capturado mientras dormían (401-404).

No hay duda de que se creía que había identidad o estrecha relación entre los duendes y los muertos, pues las brujas confesaban ver a los muertos entre los duendes.[23] Naturalmente, las respuestas dadas a preguntas capitales bajo la presión de la tortura no nos dicen nada sobre las creencias del acusado; pero son buenos testimonios de las creencias de los acusadores.

4. Que son ángeles caídos; en otras palabras, demonios. Esa pasó a ser la opinión casi oficial después de la subida al trono de Jaime l. «Esa clase de demonios que rondan por la Tierra», dice (*Daemonologie*, III, i), «se puede dividir en cuatro tipos diferentes… el cuarto es ese tipo de espíritus vulgarmente llamados duendes». Burton incluye entre los demonios terrestres: «los lares, los genios, los faunos, los sátiros, las ninfas de los bosques, los diablos, los duendes, Robín el Bueno, los ogros, etc.».[24]

Esa opinión, que está en estrecha relación con la posterior fobia renacentista hacia las brujas, explica casi totalmente la degradación de los duendes, desde su vitalidad medieval hasta las ridiculeces de Drayton o William Browne. Un olor a cementerio o a azufre llegó a acompañar a cualquier tratamiento de ellos, que evidentemente no era agradable. Shakespeare pudo haber tenido razones prácticas para hacer que Oberón nos asegure que él y sus compañeros eran

---

[23] Latham, *op. cit.*, p. 46.
[24] Pt. I, s. 2, M. I, subs. 2.

«espíritus diferentes» de los que tenían que esfumarse al amanecer (Dream, III, ii, 388). Podríamos haber esperado que la ciencia hubiese desterrado a los duendes; pero, creo que en realidad lo que los desterró fue un incremento de la superstición.

Así fueron los esfuerzos para encontrar un hueco en que pudieran encajar los duendes. No se llegó a un acuerdo. Mientras los duendes siguieron existiendo, por poco que fuera, siguieron siendo escurridizos.

7

La Tierra y sus habitantes

In tenui labor.
VIRGILIO

A. LA TIERRA

Ya hemos visto que todo lo que hay por debajo de la Luna es mutable y contingente. También hemos visto que cada una de las esferas celestes está guiada por una inteligencia. Como la Tierra no se mueve y, por tanto, no necesita guía, en general no se sintió la necesidad de asignarle una inteligencia. Que yo sepa, a Dante fue a quien se le ocurrió la brillante sugerencia de que, después de todo, tiene una, y que la inteligencia terrestre no es otra que la Fortuna. Indudablemente, la Fortuna no guía a la Tierra a través de una órbita; cumple la función de inteligencia de la forma apropiada para un globo inmóvil. Dios, dice Dante, que dio guías a los cielos «para que cada parte comunique su esplendor a las demás, con lo que se reparten la luz equitativamente, estableció también un ministro y guía general para los esplendores humanos, el cual ha de transferir de vez en cuando esos beneficios ilusorios de una nación o linaje a otro de un modo que no hay juicio humano que pueda preverlo. Esa es la razón por la que un pueblo domina mientras otro se debilita». A causa de ello las lenguas humanas la denostan mucho, «pero es dichosa y nunca las oye. Está feliz entre las demás criaturas primeras, da vueltas a su esfera y se complace en su beatitud».[1] Generalmente, la Fortuna tiene una rueda; al convertirla en una esfera, Dante recalca el nuevo rango que le ha concedido.

---

[1] *Inferno*, VII, 73-96.

Todo eso constituye el fruto maduro de la doctrina de Boecio. Que la contingencia reine en el mundo que ha conocido la caída y está situado por debajo de la Luna no es un hecho contingente. Como los esplendores humanos son ilusorios, es lógico que circulen. Hay que agitar constantemente el agua de la alberca para que no se corrompa. El ángel que la agita se complace en esa acción de igual forma que las esferas celestes se complacen en la suya.

La concepción de que el ascenso y la caída de los imperios dependen, no del mérito, ni de «tendencia» alguna en la evolución total de la humanidad, sino simplemente de la implacable e irresistible justicia de la Fortuna, no murió con la Edad Media. «Todos no pueden ser felices a la vez», dice Thomas Browne, «pues, dado que la gloria de un Estado depende de las ruinas de otro, sus grandezas conocen mudanzas y vicisitudes».[2] Cuando hablemos de la concepción medieval de la historia, tendremos que volver a tratar esta cuestión.

Desde el punto de vista físico, la Tierra es un globo; todos los autores de la Edad Media coinciden en eso. A comienzos de la Edad de «las Tinieblas», como también en el siglo XIX, podemos encontrar quienes creían que la Tierra era plana. Lecky,[3] cuyo objetivo requería de algún modo que denigrase el pasado, exhumó a Cosmas Indicopleustes, del siglo VI, quien creía que la Tierra era un paralelogramo plano. Pero, tal como revela la propia exposición de Lecky, Cosmas escribió en parte para refutar, en favor de la religión, una concepción contraria y prevalente que creía en los antípodas. San Isidoro atribuye a la Tierra la forma de una rueda (XIV, ii, I). Y Snorre Sturlason la consideraba «el disco del mundo» o *heimskringla*, primera palabra –a la que debe el título– de su gran saga. Pero Snorre escribía dentro del enclave escandinavo, que era casi una cultura aparte, rica en genio autóctono, pero incomunicada a medias de la herencia mediterránea que el resto de Europa disfrutaba.

Los medievales comprendieron lo que significaba el hecho de que la Tierra fuera redonda. Lo que nosotros llamamos gravedad –para los medievales, «inclinación natural»– era algo conocido de forma general. Vincent de Beauvais lo revela al preguntarse qué pasaría si existiese un agujero perforado a través del globo de la Tierra, de for-

---

[2] *Religio*, I, XVII.
[3] *Rise of Rationalism in Europe* (1887), vol. I, pp. 268 y ss.

ma que hubiese paso libre de un cielo a otro, y alguien tirase una piedra en su interior. Responde que esta quedaría inmovilizada en el centro.[4] Me consta que, de hecho, la temperatura y el impulso producirían otro resultado, pero Vincent está absolutamente en lo cierto en principio. Mandeville en su *Voiage and Travaile* enseña la misma verdad de forma más ingeniosa: «en cualquier parte de la Tierra en que los hombres habiten, tanto arriba como abajo, les parece a los que en ella habitan que están más en lo cierto que ningún otro pueblo. Y así como a nosotros nos parece que están debajo de nosotros, así también les parece a ellos que nosotros estamos debajo de ellos» (XX). La presentación más brillante es la de Dante, en un pasaje que muestra la intensa capacidad de comprensión que en la imagen medieval coexistía con su debilidad en cuestiones de escala. En el *Inferno*, XXXIV, los dos viajeros encuentran al peludo y gigantesco Lucifer en el centro absoluto de la Tierra, incrustado en hielo hasta la cintura. La única forma como pueden continuar su viaje es deslizándose por sus lados –hay mucho pelo donde agarrarse– y estrechándose a través del agujero que hay en el suelo, y así llegan hasta sus pies. Pero descubren que, aunque para llegar a la cintura tienen que bajar, para llegar hasta sus pies tienen que subir. Como Virgilio dice a Dante, han pasado el punto hacia el que se mueven todos los objetos pesados (70-111). Constituye el primer «efecto de ciencia-ficción» de la historia de la literatura.

La idea errónea de que los medievales creían que la Tierra era plana ha estado generalizada hasta época reciente. Puede haberse debido a dos razones. Una es el hecho de que los mapas medievales, como el gran *mappemounde* del siglo XIII que se encuentra en la catedral de Hereford, representan la Tierra como un círculo, que es como la representarían los hombres que la consideraran como un disco. Pero, ¿qué harían, si, aun sabiendo que era un globo y deseando representarla en dos dimensiones, no dominaran todavía el difícil arte de la proyección, que es de época posterior? Afortunadamente, no necesitamos responder a esa pregunta. No hay razón para suponer que el *mappemounde* representa toda la superficie de la Tierra. La teoría de las cuatro zonas[5] afirmaba que la región ecuatorial era demasiado

---

[4] *Speculum Naturale*, VII, vii.
[5] Véase más arriba, p. 34.

calurosa como para que se pudiera habitarla. El otro hemisferio de la Tierra era completamente inaccesible para los habitantes de este. Se podía escribir ciencia-ficción con respecto a él, pero no hacer geografía. No podía pensarse en incluirlo en un mapa. El *mappemounde* representa el hemisferio en que vivimos.

La segunda razón del error podría ser el hecho de que encontremos referencias al fin del mundo en la literatura medieval. Muchas veces son tan vagas como otras similares pertenecientes a nuestra época. Pero pueden ser más precisas, como cuando, en un pasaje geográfico, Gower dice:

> *Fro that into the woildes ende*
> *Estward, Asie it is.*[6]
> (VII, 568-9)

Pero la misma explicación puede darse a este caso y al del mapa de Hereford. El «mundo» del hombre, el único que puede interesarnos en cualquier ocasión, puede acabar donde nuestro hemisferio acaba.

Un vistazo al *mappemounde* de Hereford indica que los ingleses del siglo XIII eran casi totalmente ignorantes en cuestiones de geografía. Pero es imposible que fuesen tan ignorantes como el cartógrafo resulta ser. Por una razón: las Islas Británicas son una de las partes de dicho mapa con errores más ridículos. Decenas, quizá centenas, de quienes lo mirasen, cuando fuera nuevo, debían haber sabido por lo menos que Escocia e Inglaterra no eran dos islas diferentes; los escoceses habían cruzado la frontera suficientes veces como para permitir una fantasía de ese tipo. Y, en segundo lugar, el hombre medieval no era en absoluto un animal estático. Reyes, ejércitos, prelados, diplomáticos, comerciantes y clérigos vagabundos estaban viajando constantemente. Gracias a la popularidad de los peregrinajes, incluso las mujeres –y mujeres de la burguesía– se trasladaban a lugares muy lejanos, como atestiguan la Comadre de Bath y Margery Kempe. Debió de haber un conocimiento geográfico práctico bastante difundido. Pero, supongo que no existió en forma de mapas y ni siquiera de imágenes visuales del tipo de los mapas. Debió de tratarse de la cuestión de los vientos que eran de esperar, de los mojones que había que

---

[6] «A partir de allí hasta el fin del mundo, yendo hacia el este, se encuentra Asia.»

encontrar, de los cabos que había que doblar, del camino que había que tomar en una encrucijada. Dudo que el autor del *mappemounde* se hubiese preocupado lo más mínimo al enterarse de que más de un capitán de barco tenía suficientes conocimientos para refutar su mapa en doce puntos. Dudo que el capitán de un barco hubiese intentado usar su conocimiento superior para objetivo alguno de este tipo. El cartógrafo deseaba fabricar una joya que resumiese el noble arte de la cosmografía, con el Paraíso terrenal señalado en forma de isla en el extremo oriental (en este como en otros mapas medievales el Este está arriba) y Jerusalén convenientemente situada en el centro. Los propios navegantes debieron de contemplarlo admirados y deleitados. No iban a guiarse por él.

Con todo, gran parte de la geografía medieval es puramente fantástica. Mandeville es un ejemplo extremo; pero otros autores más serios se preocuparon también de determinar la localización del Paraíso. La tradición que lo sitúa en Extremo Oriente parece proceder de una narración judía sobre Alejandro, escrita antes del año 500 y latinizada en el siglo XII con el título de *Iter ad Paradisum*.[7] En ella pueden basarse el *mappemounde*, Gower (VII, 570) y también Mandeville, quien lo sitúa más allá de la tierra del Preste Juan, más allá de Taprobane (Ceilán), más allá del País de las Tinieblas (xxxiii). Una concepción posterior lo coloca en Abisinia; como dice Richard Eden, «en el lado oriental de África, por debajo del Mar Rojo, vive el grande y poderoso emperador y rey cristiano Preste Juan… en esa región hay muchas montañas extraordinariamente altas sobre las cuales dicen que está el paraíso terrenal».[8] A veces el rumor referente a un lugar secreto y delicioso en dichas montañas adopta otra forma. Peter Heylin, en su *Cosmography* (1652), dice: «el monte de Amara tiene la altura de un día de viaje; en su cima hay treinta y cuatro palacios en los que están encerrados permanentemente los hijos pequeños del emperador». Milton, cuya imaginación absorbía como una esponja, combinó ambas tradiciones en su «Monte Amara», «donde los reyes abisinios guardan a sus hijos… considerado por algunos como el auténtico Paraíso» (P. L. IV, 280 y ss.). Johnson usa Amara al referirse al Valle Feliz en *Rasselas*. Si, como supongo, también sugirió el «monte

[7] Véase G. Cary, *The Medieval Alexander* (1956).
[8] *Brief e Description of Afrike* in Hakluyt.

Abora» de Coleridge, los escritores ingleses han prestado una atención excepcional a dicha montaña.

Sin embargo, junto a esas historias, el conocimiento geográfico de los medievales se extendía más al este de lo que solemos recordar. Las cruzadas, los viajes comerciales y los peregrinajes –que en algunas épocas fueron una industria muy bien organizada– habían abierto el Levante. Los misioneros franciscanos habían visitado al Gran Khan en 1246 y en 1254, esta última vez en Karakorum. Nicolo y Maffeo Polo llegaron a la corte de Kublai, en Pekín, en 1266; su famoso sobrino Marco vivió durante mucho tiempo en dicha ciudad, y regresó en 1291. Pero el establecimiento de la dinastía Ming en 1368 puso fin a estos contactos.

La gran obra de Marco Polo, *Viajes* (1295), es fácil de conseguir y debería estar en la biblioteca de todo el mundo. En un punto tiene una relación interesante con nuestra literatura. Marco describe el desierto del Gobi como un lugar tan frecuentado por espíritus malignos, que los viajeros que se queden rezagados «hasta que se pierda de vista la caravana» oirán voces conocidas que los llaman por sus nombres. Pero, si hacen caso de la llamada, se perderán y perecerán (I, xxxvi). Esa idea pasó a la obra de Milton también y se convirtió en esas

> *airy tongues that syllable men's names*
> *On Sands and Shores and desert wildernesses.*[9]
> (*Comus*, 208-9)

Recientemente se ha hecho[10] un intento interesante de mostrar que la leyenda de san Brendan revela cierto conocimiento de las islas del Atlántico e incluso de América. Pero no necesitamos discutir esa teoría, dado que, aun cuando dicho conocimiento hubiese existido, no tuvo influencia general en la mentalidad medieval. Unos exploradores navegaron hacia el oeste para llegar a la rica Cathay. Si hubieran sabido que en medio había un continente enorme, no se habrían hecho a la mar.

---

[9] «Lenguas aéreas que pronuncian los nombres de las personas por las arenas, las playas y los desiertos.»
[10] G. Ashe, *Land to the West* (1962).

B. LOS ANIMALES

En comparación con la teología, la astronomía o la arquitectura de
la Edad Media, su zoología nos sorprende por su infantilismo; por lo
menos, la zoología que con mayor frecuencia aparece en los libros.
Pues, así como había una geografía práctica que no tenía nada que
ver con el *mappemounde*, así también existía una zoología práctica que
nada tenía que ver con los bestiarios. El porcentaje de la población
que tenía muchos conocimientos sobre animales debió de ser mucho
mayor en la Inglaterra medieval que en la moderna. No podía ser de
otro modo en una sociedad en la que todos los que podían eran caballeros, cazadores y halconeros; y todos los demás, tramperos, pesca-
dores, vaqueros, pastores, porqueros, criadores de gansos, de gallinas
y de abejas. Una vez, un buen medievalista (A. J. Carlyle) dijo en mi
presencia: «El caballero típico de la Edad Media estaba más interesado en los cerdos que en los torneos.» Pero todo ese conocimiento
de primera mano rarísimas veces aparece en los textos. Cuando lo
hace –cuando, por ejemplo, el autor de *Gawain* da por descontado
que su auditorio está familiarizado con la anatomía del ciervo (1325
y ss.)– quien queda en ridículo somos nosotros, no los medievales.
No obstante, los pasajes de ese tipo son raros. La zoología escrita de
aquella época es principalmente un conjunto de historias fantásticas
sobre criaturas que los autores nunca habían visto y que en muchos
casos nunca habían existido.

El mérito de haber inventado dichas fantasías, o el oprobio de haber creído en ellas por primera vez, no corresponde a los medievales.
Generalmente lo que hacen es transmitir lo que recibieron de los
antiguos. Verdaderamente, Aristóteles había puesto los cimientos de
una zoología auténticamente científica; si lo hubiesen conocido a él
en primer lugar y lo hubieran seguido fielmente, puede que no hubiesen existido bestiarios. Pero no fue eso lo que ocurrió. A partir de
Herodoto, la literatura clásica está repleta de cuentos sobre cuadrúpedos y aves extraños; cuentos demasiado intrigantes como para que
fuese fácil rechazarlos. La obra de Eliano (siglo II d. de C.) y de Plinio
el Viejo son auténticas colecciones de ese tipo de materiales. También
intervino la incapacidad medieval para distinguir entre escritores de
géneros absolutamente diferentes. La intención de Fedro (siglo I d.
de C.) era simplemente escribir fábulas esópicas. Pero su dragón (IV,

XX) –criatura nacida bajo el signo de astros maléficos, *dis iratis natus*, y condenada a impedir que otros se apoderen de un tesoro del que él no puede disfrutar– parece ser el antecesor de todos esos dragones que consideramos tan germánicos, cuando los encontramos en obras anglosajonas o escandinavas antiguas. Esa imagen resultó ser un arquetipo tan influyente, que engendró la creencia, e incluso cuando se produjo su desaparición los hombres la aceptaron a regañadientes. En dos mil años la humanidad occidental no se ha cansado de ella ni la ha corregido. El dragón de Beowulfo y el de Wagner son sin lugar a dudas el mismo que el de Fedro. (Supongo que el dragón chino es diferente.)

Evidentemente, muchos intermediarios, no todos identificables ahora, contribuyeron a la transmisión de ese saber a la Edad Media. San Isidoro es uno de los más fáciles de consultar. Además, en su obra podemos ver en funcionamiento el proceso por el cual se desarrolló la pseudozoología. El capítulo que dedica al caballo es especialmente instructivo.

«Los caballos pueden olfatear la batalla; el sonido de la trompeta los instiga a entrar en la pelea» (XII, i, 43). En este texto un pasaje enormemente lírico del *Libro de Job* (xxxix, 19-25) se ha convertido en una teoría de historia natural. Pero puede ser que no esté completamente alejado de la observación. Probablemente los caballos de batalla, especialmente los garañones, se comporten de esa forma. Subimos otro escalón cuando san Isidoro nos dice que la víbora (*aspis*), para protegerse contra los encantadores de serpientes, se tumba, apoya un oído contra el suelo y enrosca su cola para obstruir el otro (XII, iv, 12), lo que constituye claramente una prosaica conversión de la metáfora referente a la víbora que «se tapa los oídos» del Salmo lviii, 4-5 en pseudociencia.

«Los caballos derraman lágrimas a la muerte de sus amos» (XII, i, 43). Considero que la primera fuente es la *Ilíada*, XVII, 426 y siguientes, filtrada hasta san Isidoro a través de la *Eneida*, XI, 90.

«Esa es la razón» (ese rasgo humano de los caballos) «por la que en los centauros la naturaleza del caballo y del hombre están mezcladas» (*ibid.*). En este caso vemos un tímido intento de racionalización.

Después, en el capítulo XII, i, 44-60, entramos en una cuestión muy diferente. Todo este largo pasaje trata de las características de un buen caballo, tanto en figura como en color, de las razas y la crianzas y de cosas por el estilo. Me da la impresión de que algunas las aprendió en el establo, como si en este caso los palafreneros y tratantes hubieran sustituido a los *auctores* literarios.

Cuando los *auctores* entran en escena, san Isidoro no hace ninguna distinción entre ellos. La Biblia, Cicerón, Horacio, Ovidio, Marcial, Plinio, Juvenal y Lucano (este último principalmente al tratar de las serpientes): todos ellos tienen el mismo tipo de autoridad para él. Aun así, su credibilidad tiene límites. Niega que las comadrejas conciban por la boca y las osas por las orejas y califica de fabulosus la hidra de muchas cabezas (*ibid.*, iv, 23).

Una de las características más notables de san Isidoro es que no saca consecuencias morales de sus animales ni les da interpretaciones alegóricas. Dice que el pelicano revive a sus crías con ayuda de su propia sangre (XII, vii, 26), pero no hace un paralelismo entre eso y la muerte de Cristo que da vida, como el que posteriormente iba a producir el tremendo *Pie Pelicane*. Nos dice, basándose, pero sin nombrarlos, en «autores que han escrito sobre la naturaleza de los animales» (XII, ii, 13), que el unicornio es un animal demasiado fuerte como para que cazador alguno pueda cobrarlo; pero, si colocamos una virgen delante de él, pierde toda su ferocidad, reclina la cabeza en el regazo de esta y se duerme. Entonces podemos matarlo. Resulta difícil creer que un cristiano pueda pensar por mucho tiempo en ese mito exquisito sin ver en él una alegoría de la Encarnación y la Crucifixión. Y, sin embargo, san Isidoro no hace la más mínima sugerencia en ese sentido.

Esa interpretación que san Isidoro omite se convirtió en el interés principal de los pseudozoólogos de la Edad Media. El ejemplo mejor recordado es el autor a quien Chaucer llama Physiologus en el *Nun's Priest's Tale* (B 4459); en realidad, se trata de Teobaldo, quien fue obispo de Monte Cassino desde 1022 hasta 1035 y escribió *Physiologus de Naturis XII Animalium*. Pero no fue el primero, e indudablemente tampoco el mejor, de su género. Los poemas sobre animales del *Exeter Book* son anteriores. Las partes más antiguas del *Phoenix* son paráfrasis del de Lactancio; la moralitas que el poeta anglosajón añadió se cree que está basada en san Ambrosio y Beda; la *Panther* («pantera») y la *Whale* («ballena»), en un *Physiologus* más antiguo escrito en latín.[11]

---

[11] Véase G. P. Krapp, *Exeter Book* (1936), p. xxxv.

Desde el punto de vista literario, tiene mucha mayor calidad que la obra de Teobaldo. Así, tanto el autor anglosajón como Teobaldo convierten la ballena en una especie de demonio. Los navegantes, dice Teobaldo, la confunden con un promontorio, desembarcan en ella y encienden un fuego. Lógicamente, la ballena se sumerge y ellos se ahogan. Según el anglosajón, lo que ocurre es que los marinos la confunden, de forma más plausible, con una isla, y se sumerge, no porque sienta el fuego, sino por maldad. Imagina brillantemente el alivio de los hombres sacudidos por la tempestad al desembarcar: «cuando el bruto, diestro en artimañas, se da cuenta de que los viajeros están totalmente instalados y han colocado su tienda, contentos del buen tiempo, de repente, cuando menos pueden esperarlo, se sumerge en la mar salada» (19-27).

Resulta bastante sorprendente encontrar la sirena, erróneamente identificada con la nereida, entre los animales de Teobaldo. Creo que esa forma de clasificar criaturas que podían pertenecer al grupo de los *Longaevi* no era corriente en la Edad Media. La he encontrado, en época muy posterior, en Athanasius Kircher, quien sostiene que esas formas casi o a medias humanas son simples brutos (*rationis expertia*), cuyo parecido con el hombre no es más significativo que el de Mandrake. «O», añade con feliz ignorancia de la biología posterior, «que el del mono».[12]

Más extraño todavía es que Teobaldo ignorase las dos criaturas que hubiéramos considerado más apropiadas para su objeto: el pelicano y el fénix. Pero es algo muy propio de la naturaleza de su obra. O bien carecía de imaginación o bien tenía una imaginación cuyo alcance se nos escapa. No puedo soportar el aburrimiento de repasar todos sus artículos uno por uno.[13] Todo lo que dice está mejor expuesto en los bestiarios vernáculos.

Esas historias de animales, como las de los duendes, nos hacen preguntarnos por la intensidad con que se creía en ellas. En una época científica, las personas sedentarias han de creer casi todo lo que se les cuente sobre lugares extranjeros; pero, ¿quién pudo haber creído, y cómo, lo que los bestiarios contaban sobre águilas, zorros, o ciervos?

---

[12] *Mundi Subterranei Prodomos*, III, i.
[13] Son: León, Águila, Serpiente, Hormiga, Zorro, Ciervo, Araña, Ballena, Sirena, Elefante, Tórtola, Pantera.

Solamente podemos conjeturar la respuesta. Prefiero pensar que la ausencia de incredulidad, expresa e inequívocamente sostenida, era más corriente que una convicción firme y positiva. A la mayoría de quienes contribuyeron, de palabra o por escrito, a mantener en circulación la pseudozoología no les preocupaban las cuestiones factuales en absoluto; de igual forma que hoy el orador político que me exhorta a no esconder la cabeza en la arena no está pensando –ni quiere que yo piense– en los avestruces. Lo que importa es la *moralitas*. Hay que «conocer» esos «hechos» para leer a los poetas, o para participar en conversaciones finas. De ahí que, como dijo Bacon, «una vez que se afianza una falsedad... a causa del acostumbramiento de la opinión a los símiles y adornos retóricos, nunca se la refuta».[14] Pues, para la mayoría de los hombres, como lo expresa Browne en *Vulgar Errors*, «un ejemplo de retórica es argumento lógico suficiente; un apólogo de Esopo, superior a un silogismo en Bárbara; las parábolas, superiores a las teorías; y los proverbios, más eficaces que las demostraciones» (I, iii). En la Edad Media, y de hecho posteriormente también, hemos de añadir otra fuente de credulidad. Si, como el platonismo enseñaba, el mundo visible está hecho de acuerdo con un modelo invisible –cosa de la que ni siquiera Browne habría disentido–, si todas las cosas naturales situadas por debajo de la Luna derivan de cosas situadas por encima, la suposición de que se hubiese infundido a la naturaleza y conducta de los animales un sentido analógico y moral no sería un *a priori* inaceptable. A nosotros una relación de la conducta animal que sugiriese una moraleja demasiado evidente nos parecería improbable. A ellos, no. Sus premisas eran diferentes.

C. EL ALMA HUMANA

El hombre es un animal racional y, por tanto, un ser mixto, en parte emparentado con los ángeles, que son racionales, pero –según la concepción escolástica posterior– no animales, y en parte emparentado con las bestias, que son animales, pero no racionales. Esto nos revela uno de los sentidos en que se puede decir que es un «mundo en pequeño» o microcosmos. Todas las formas de ser del universo en

---

[14] *Advancement*, I, Everyman, p. 70.

su totalidad concurren en él; es una encrucijada del ser. Como dice san Gregorio Magno (540-640): «por tener el hombre en común con las piedras la existencia (*esse*), con los árboles la vida y con los ángeles el entendimiento (*discernere*), recibe correctamente el nombre del mundo».[15] Alain,[16] Jean de Meung[17] y Gower[18] reproducen casi literalmente ese texto.

El alma racional, que da al hombre su posición peculiar, no es el único tipo de alma. Existen también un alma sensible y un alma vegetal. Las virtudes del alma vegetal son la nutrición, el crecimiento y la propagación. Se da solamente en las plantas. El alma sensible, que encontramos en los animales, tiene esos poderes y además sensibilidad. De esa forma, abarca y supera el alma vegetal, con lo que se puede decir que un animal tiene dos niveles de alma, sensible y vegetal, o un alma doble, o incluso –aunque de forma engañosa– dos almas. De igual forma, el alma racional incluye la vegetal y la sensible y dispone, además, de razón. Como dice Trevisa (1398), traduciendo la obra del siglo XIII, *De Proprietatibus Rerum* de Bartolomé de Inglaterra, existen «tres tipos de almas... *vegetabilis*, que da vida pero no sensibilidad; *sensibilis*, que da vida y sensibilidad, pero no razón; *racionalis*, que da vida, sensibilidad y razón». A veces los poetas se permiten hablar como si el hombre tuviese, no un alma con tres vertientes, sino tres almas. Donne, al afirmar que el alma vegetal por la que crece, el alma sensible por la que ve y el alma racional por la que entiende, están igualmente deleitadas con la amada, dice:

> *all my souls bee*
> *Emparadis'd in you (in Whom alone*
> *I understand, and grow, and see).*[19]
> (*A Valediction of my name*, 25)

---

[15] *Moralia*, VI, 16.
[16] Migne, CCX, 2224
[17] *Roman de la Rose*, 19.043 y ss.
[18] Prólogo, 945.
[19] «Todas mis almas están arrobadas en ti (la única por la que entiendo, y crezco, y veo).»

Pero en este caso se trata de un simple tropo. Donne sabe que solamente tiene un alma, que, por ser racional, incluye la sensible y la vegetal.

A veces el alma racional recibe simplemente el nombre de «razón» y el alma sensible el de «sensibilidad» simplemente. Ese es el sentido que tienen dichas palabras, cuando el párroco de Chaucer dice: «Dios debe tener dominio sobre la razón, la razón sobre la sensibilidad, y la sensibilidad sobre el cuerpo del hombre» (I, 262).

Las tres clases de almas son inmateriales. El alma –la «vida», como diríamos nosotros– de un árbol o de una planta no es una parte de ellos que se pueda encontrar por disección; tampoco el alma racional es una «parte» del hombre en ese sentido. Y cualquier tipo de alma, como cualquier otra sustancia, es obra de Dios. Lo que distingue al alma racional es que en cada caso es obra de un acto inmediato de Dios, mientras que la mayoría de las cosas restantes llegan a existir mediante desarrollos y transformaciones que se producen dentro del orden creado en su totalidad.[20] Indudablemente, la fuente de esto es Génesis, ii, 7; pero también Platón había separado la creación del hombre de la creación en general.[21]

Muchas veces los poetas consideran el hecho de que el alma se dirija hacia Dios como un regreso y, por tanto, como un ejemplo más de la «inclinación natural». De ahí la expresión de Chaucer: *Repeireth hoom from worldly vanitee* («regresa al hogar abandonando la vanidad del mundo»), o los versos de Deguileville:

> *To Him of verray ryht certeyn*
> *Thou must resorte and tourne ageyn*
> *As by moeving natural.*[22]
> (*Pilgrimage*, trad. de Lydgate, 12 262 y ss.)

Pasajes como esos quizá no reflejen otra cosa que la doctrina de la creación especial e inmediata del hombre por Dios, pero es difícil decirlo con seguridad. En la época escolástica se rechazó firmemente la doctrina de la preexistencia (en algún mundo mejor que este).

---

[20] Sobre todo ese tema en conjunto, véase santo Tomás de Aquino Iª, XC, art. 2, 3.
[21] *Timeo*, 41ᵉ y ss.
[22] «Hacia Él debes regresar y volver de nuevo como por inclinación natural.»

La «inconveniencia» que suponía el hecho de afirmar que el alma racional empieza a existir solamente cuando lo hace el cuerpo y al mismo tiempo sostener que sigue existiendo después de la muerte del cuerpo se disimuló recordando que la muerte –una de las «dos cosas que nunca se crearon»–[23] no intervino en la creación original. No es propio del alma abandonar el cuerpo; más que nada es el cuerpo (desnaturalizado por la caída) quien se separa del alma. Pero en el período embrionario y en los primeros años de la Edad Media la creencia platónica de que hemos vivido antes de encarnarnos en la Tierra estaba todavía en el ambiente. Calcidio preservó lo que Platón dice sobre esa cuestión en el Fedro, 245ª. También preservó los apartados 35ª y 41ᵈ del *Timeo*. Puede que esos difíciles pasajes no supongan realmente la preexistencia del alma individual, pero no era difícil pensar que así fuese. Orígenes sostiene que todas esas almas que ahora dan vida a cuerpos humanos fueron creadas al mismo tiempo que los ángeles y existieron durante mucho tiempo antes de su nacimiento terrenal. Incluso san Agustín, en un pasaje citado por santo Tomás de Aquino,[24] corrobora la opinión, sujeta a revisión, de que el alma de Adán existía ya cuando su cuerpo «dormía [todavía] en sus causas».[25] Bernardo Silvestre[26] parece suponer la doctrina completa de Platón –aunque no sé con qué seriedad científica–, cuando Noys ve en el cielo innumerables almas llorando porque pronto van a tener que bajar de ese *splendor* a estas tinieblas.

El redescubrimiento del *corpus* platónico en el Renacimiento dio nueva vida a esa doctrina. Ficino y después Henry Moore se la tomaron completamente en serio. Se puede poner en duda que Spenser en el *Hymne of Beautie* (197 y ss.) o en el Jardín de Adonis (F. Q., III, vi, 33) creyese en ella más que a medias. Thomas Browne, sin aventurarse a opinar sobre la doctrina, conservaba gustoso su sabor: «aunque no parece sino un tipo imaginario de existencia ser antes de que seamos», sin embargo, haber preexistido eternamente en la presciencia divina «es algo más que una ficción» (*Christian Morals*). El *Retreate* de Vaughan e incluso la *Ode de Wordsworth* se han interpretado de formas diversas. Hasta el siglo xix y la aparición del teosofismo no recobró la

---

[23] Donne, *Litanie*, 10-11.
[24] Véase santo Tomás de Aquino, *loc. cit.*, art. 4.
[25] Iª, XC, art. 4.
[26] *Op. cit.*, II, *Pros.* iii, p. 37.

idea de la preexistencia –entonces considerada ya como la «sabiduría del Este»– una posición segura en Europa.

D. EL ALMA RACIONAL

Hemos observado que el término ángeles unas veces abarca a los seres etéreos y otras se limita a la inferior de las nueve especies. De igual forma la palabra *razón* unas veces significa alma racional y otras veces se refiere a la inferior de las dos facultades que ejerce el alma racional. Estas son *intellectus* y *ratio*.

Intellectus es la superior, de forma que, si la llamamos «entendimiento», la distinción de Coleridge que coloca a la «razón» por encima del «entendimiento» invierte el orden tradicional. Recuérdese que Bocaccio distingue *intelligentia* de *ratio*; la primera de ellas la disfrutan los ángeles en su perfección. *Intellectus* es la parte del hombre que más se acerca a la *intelligentia* angélica; de hecho, es *obumbrata intelligentia* («inteligencia anublada»), o una sombra de inteligencia. Santo Tomás de Aquino describe así su relación con la razón: «el intelecto (*intelligere*) es la comprensión simple (es decir, indivisible, no compuesta) de una verdad inteligible, mientras que razonar (*ratiocinari*) es la progresión hacia una verdad inteligible pasando de un aspecto entendido (*intellecto*) a otro. Así, pues, la diferencia entre ellas es como la diferencia entre el descanso y el movimiento o entre la posesión y la adquisición» (Iª, LXXIX, artículo 8). Gozamos del *intellectus* cuando «vemos simplemente» una verdad evidente; ejercemos la *ratio*, cuando avanzamos paso a paso para demostrar una verdad que no sea evidente. Una vida cognoscitiva en que se pudieran «ver» simplemente todas las verdades sería la vida de una *intelligentia*, de un ángel. Una vida de *ratio* absoluta, en que nada se «viera», simplemente y todo tuviese que probarse, sería con toda probabilidad imposible, pues nada que no sea evidente puede probarse. El hombre pasa su vida mental conectando laboriosamente esos frecuentes, pero momentáneos, destellos de *intelligentia* que constituyen el *intellectus*.

Cuando *ratio* se usa con precisión y se distingue de *intellectus*, me parece que corresponde bastante a aquello a que nos referimos con la palabra «razón»; es decir, tal como Johnson lo define, «la facultad mediante la cual el hombre deduce una proposición de otra o avanza desde las premisas hasta la conclusión». Pero, después de haberla definido así, da como primer ejemplo este de Hooker: «la razón es la directora de la voluntad del hombre, al descubrir en la acción lo bueno». Puede parecer que existe una sorprendente contradicción entre el ejemplo y la definición. Indudablemente, si A es bueno por sí mismo, podemos descubrir mediante el razonamiento que, puesto que B es el medio de llegar a A, B será la acción adecuada. Pero, ¿mediante qué clase de deducción y qué tipo de premisas podríamos llegar a la proposición: «A es bueno por sí mismo»? Hemos de aceptarla a partir de otra fuente, antes de que comience el razonamiento; fuente que se ha identificado de diferentes formas con la «conciencia» (concebida como la Voz de Dios), con cierto «sentido» o «discernimiento» moral, con una sensibilidad («un buen corazón»), con las normas del grupo social a que pertenezcamos, con el superyo.

Y, sin embargo, casi todos los moralistas anteriores al siglo xviii consideraron la razón como el origen de la moralidad. Se habló de que el conflicto moral era el que existía entre pasión y razón, no el que había entre pasión y «conciencia» o «deber» o «bondad». Próspero, al perdonar a sus enemigos, declara que toma esa decisión, no por caridad o piedad, sino aconsejado por «su razón, facultad más noble» (*Tempest*, V, i, 26). La explicación es que casi todos ellos creían que las máximas morales fundamentales se captaban intelectualmente. Si hubieran usado la estricta distinción medieval, habrían considerado la moralidad como un asunto de la ratio, no del *intellectus*. No obstante, incluso en la Edad Media esa distinción solamente la usaron los filósofos y no influyó en el lenguaje popular o poético. En ese nivel razón significa alma racional. Por tanto, la razón formulaba los imperativos morales, aunque en la terminología más estricta no había duda de que el razonamiento sobre las cuestiones morales recibía todas sus premisas del intelecto, de igual forma que la geometría es un asunto de la razón, a pesar de basarse en axiomas a los que no podemos llegar por el razonamiento.

Johnson, en el pasaje citado de su *Dictionary*, resulta confuso por una vez. Cuando escribió su obra, la antigua concepción ética estaba decayendo rápidamente y, en consecuencia, se estaba produciendo un rápido cambio en el significado de la palabra *razón*. El siglo xviii conoció una rebelión que negó que los juicios morales fuesen primordialmente racionales e incluso que lo fueran lo más mínimo. Hasta

Butler, en sus *Sermons* (1726) asignó a la «reflexión o conciencia» la función que en un tiempo había correspondido a la razón. Otros atribuyeron la función normativa a un «sentimiento» o «discernimiento moral». En la obra de Fielding la fuente de la buena conducta es el sentimiento bueno, y las pretensiones de la razón de que se reconozca como obra suya aparecen ridiculizadas en la persona del señor Square. La obra de Mackenzie, *Men of Feeling* (1771), continúa ese proceso. Wordsworth compara favorablemente «el corazón» con «la cabeza». En ciertas obras narrativas del siglo xix un sistema particular de sentimientos, los afectos domésticos, parece no solo inspirar, sino también constituir la moralidad. La consecuencia lingüística de dicho proceso fue la reducción del significado de la palabra *razón*. De denotar (en todos los contextos, salvo los más filosóficos) el alma racional en su totalidad, que abarca el *intellectus* y la *ratio*, pasó a significar simplemente «la facultad por la cual el hombre deduce una proposición a partir de otra… Aquel cambio había comenzado en la época de Johnson. Sin darse cuenta, este autor define la palabra en su sentido más moderno y limitado e inmediatamente después la ejemplifica en el sentido antiguo y más amplio.

La creencia en que reconocer un deber era percibir una verdad –no porque el sujeto tuviese buen corazón, sino porque era un ser intelectual– tenía raíces en la Antigüedad. Platón preservó la idea socrática de que la moralidad es una cuestión de conocimiento; los hombres malos lo eran porque no conocían lo bueno. Aristóteles, a pesar de que atacó dicha concepción, y atribuyó una función importante a la formación y a la habituación, siguió considerando la «recta razón» (ὀρθὸς λόγος) como una condición esencial de la buena conducta. Los estoicos creían en una ley natural a la que todos los hombres, en virtud de su racionalidad, estaban sometidos y lo sabían. San Pablo desempeñó un papel curioso en esa historia. Su afirmación en la Epístola a los Romanos (ii, 14 y ss.) de que existe una ley «escrita en los corazones» corrobora totalmente la concepción estoica y así iba a entenderse durante siglos. Tampoco, durante los mismos siglos, iba a tener la palabra *corazón* resonancias puramente sentimentales. La traducción más aproximada de la palabra hebrea que san Pablo representa por χαρδία sería la de «mente»; y en latín el hombre *cordatus* no es el que tiene sentimientos, sino el que tiene inteligencia. Pero, posteriormente, cuando hubo menos gente que pensaba en latín y la nueva ética de los sentimientos estaba empezando a ponerse de moda, pudo haber parecido que aquel uso paulino de la palabra *corazón* apoyaba la novedad.

La importancia de todo esto para nuestro objetivo es que, si solamente tenemos presente la definición de razón como «la facultad por la que el hombre deduce una proposición a partir de otra», daremos una interpretación en parte equivocada a las referencias que a ella hacen los poetas antiguos. Uno de los pasajes más conmovedores de la parte correspondiente a Guillaume de Lorris en el *Roman de la Rose* (5 813 y ss.) es aquel en que la Razón, la hermosa Razón, una graciosa dama, una humilde diosa, se digna suplicar al amante como su amada intelectual y celestial, rival de su amor tenenal. Lo cual carecería de emoción, si la Razón fuese solamente tal como Johnson la concebía. No se puede convertir una máquina calculadora en una diosa. Pero *Raison la bele* no es «tan fría». Ni siquiera es la personificación del Deber que aparece en la obra de Wordsworth; ni siquiera –aunque esta se aproxima más– la personificación de la virtud que figura en la oda de Aristóteles, «por cuya belleza virginal los hombres están dispuestos a morir» (σᾶς πέρι, παρθένε, μορδᾶς). Es la *intelligentia obumbrata*, la sombra de la naturaleza angélica en el hombre. Así también, en el caso del poema *Lucrece*, de Shakespeare, necesitamos saber quién es la «princesa mancillada» (719-28): la Razón de Tarquino, soberana legítima de su alma, ahora deshonrada. Muchas referencias a la Razón de *Paradise Lost* requieren el mismo comentario. Es cierto que todavía en nuestro uso moderno de «razonable» sobrevive el sentido antiguo, pues, cuando nos quejamos de que una persona egoísta no sea razonable, no la acusamos de haber cometido un *non sequitur* o de la colocación inadecuada de un medio. Pero es demasiado insípido y torpe como para recordar la antigua asociación.

E. LAS ALMAS SENSIBLE Y VEGETATIVA

El alma sensible tiene diez sentidos o juicios, cinco de los cuales son «externos» y cinco «internos». Los sentidos o juicios externos son los que hoy llamamos cinco sentidos: vista, oído, olfato, gusto y tacto. A veces, los cinco internos reciben el nombre de juicios simplemente y los cinco externos el de sentidos simplemente, como en estos versos de Shakespeare:

> *But my five wits nor my five senses can*
> *Dissuade one foolish heart from loving thee.*[27]
> (*Sonnet*, CXLI)

Los juicios internos son la memoria, la apreciación, la imaginación, la fantasía y el juicio común (o sentido común). La memoria no requiere comentario.

La apreciación o (*Vis*) *Aestimativa* abarca gran parte de lo que ahora denota la palabra *instinto*. San Alberto el Magno, a quien sigo en todo este pasaje, nos dice en *De Anima* que la apreciación es la que capacita a una vaca para encontrar a su ternero de entre una manada de ellos o enseña a un animal a escapar de su enemigo natural. La apreciación detecta el significado práctico, biológico de las cosas, sus *intentiones* (II, iv). Chaucer se refiere a ella, aunque no use el nombre, cuando dice:

> *naturelly a beast desyreth fiee*
> *From his contrarie if he may it see,*
> *Though he never erts had seyn it with his ye.*[28]
> (*Nun's Brist Priest's Tale*, B 4 469)

La distinción entre fantasía e imaginación –(*vis*) *phantastica* y (*vis*) *imaginativa*– no es tan sencilla. La fantasía es la más noble de las dos; en este caso Coleridge invirtió la terminología una vez más. Que yo sepa, ningún autor medieval menciona ninguna de las dos facultades citadas como característica de los poetas desde ese punto de vista –normalmente hablan de su lenguaje o de su cultura–, creo que habrían usado *invención* en los casos en que nosotros usamos *imaginación*. Según san Alberto, lo único que hace la imaginación es retener lo que se ha percibido, y la fantasía lo trata *componendo et dividendo*: lo separa y lo une. No entiendo por qué los *boni imaginativi* han de ser,

---

[27] «Pero ni mis cinco juicios ni mis cinco sentidos pueden disuadir a mi loco corazón de que te ame.»

[28] «Por naturaleza, un animal desea escapar de su contrario, si llega a verlo, aunque nunca antes que lo haya visto con sus propios ojos.»

como él dice, buenos en matemáticas. ¿Querrá decir que el papel era demasiado precioso como para desperdiciarlo representando toscas figuras, y que había que hacer geometría, en la medida de lo posible, con figuras retenidas ante los ojos de la mente? Pero, lo dudo; siempre existía la posibilidad de utilizar la arena.

La descripción psicológica de la fantasía y de la imaginación no abarca en ningún caso el uso popular de dichos términos en la lengua vulgar. San Alberto nos informa de que la gente vulgar dice *cogitativa* por *phantastica*; o sea, que dicen estar «pensando» en algo, cuando en realidad están manejando imágenes mentales, *componenda et dividendo*. Si hubieran conocido el inglés, probablemente les habría interesado el hecho de que en dicha lengua la palabra *imagination* (o *imaginatyf* que, como elipsis de *via imaginativa*, muchas veces significaba lo mismo) había corrido una suerte casi opuesta. Pues en inglés *imagination* significaba no solo la retención de las cosas percibidas, sino también el hecho de «tener presente» o «pensar en», «tomar en consideración» en el sentido más amplio y menos estricto. El personaje Ymaginatyf de Langland, después de haber explicado que él es la *vis imaginativa*, sigue diciendo:

idel was I nevere,
And many times have moeved thee to think on thin ende.[29]
(*Piers Plowman*, B XII, I)

Tanto si el fin del que sueña es su muerte como si es su destino en el otro mundo, lo que es seguro es que no es algo que hubiera percibido y que pudiese retener. Ymaginatyf quiere decir: «Te he recordado muchas veces que has de morir.» Lo mismo ocurre con el Berners de Froissart: «El rey Pedro, al verse rodeado de sus enemigos, *was in great imagination*» (I, 242), es decir, tenía mucho en qué pensar. Chaucer dice de Arveragus, cuando vuelve a su hogar para reunirse con su mujer:

Nothing list him to been imaginatyf
If any wight has spoke, whil he was oute,

---

[29] «Nunca fui frívolo, y muchas veces te he hecho pensar en tu fin.»

To hire of love.[30]
(*Franklin's Tale*, F 1 094)

No cabe duda de que la actividad de que se abstuvo Arveragus, como aquella a la que el rey Pedro se vio forzado, iría acompañada en gran medida por lo que nosotros llamamos imaginación. Pero no creo que ninguno de los dos escritores se refiera a eso. Chaucer quiere decir que Arveragus no era de esos a quienes se les «ocurren ideas».

No hay que confundir el sentido (o juicio) común, como término de la psicología medieval, con *communis sensis* (la opinión común de la humanidad) o con «sentido común», en la acepción de perspicacia o racionalidad elemental, uso muy posterior. San Alberto le atribuye dos funciones: (a) «Juzga la acción de un sentido, de forma que, cuando vemos, sabemos que estamos viendo»; (b) reúne los datos proporcionados por los sentidos, o facultades externas, con lo que podemos decir que una naranja es dulce o más dulce que otra. Siglos después, Burton dice que «ese sentido común es el juez o moderador de los demás, por el cual apreciamos todas las diferencias de los objetos; pues no por mi ojo sé que veo, ni por mi oído que oigo, sino por mi sentido común».[31] El sentido común es el que convierte meras sensaciones en conciencia coherente de mí mismo como sujeto en un mundo de objetos. Es algo muy parecido a lo que Coleridge llama *imaginación primaria*. La dificultad de llegar a ser consciente de él se debe a que nunca nos falta excepto en estados que, precisamente por eso, no se pueden recordar completamente. Uno de ellos es la anestesia parcial, cuando nuestros sentidos funcionan sin que estemos completamente conscientes. Sidney describe otro en la Arcadia, cuando dice que dos caballeros en el ardor de la batalla podían ignorar sus heridas, «pues la cólera y el valor impedían que el sentido común enviase mensaje alguno de su situación a la mente» (1590, III, 18).

No hay necesidad de dedicar un apartado al alma vegetativa. Es la responsable de todos los procesos inconscientes e involuntarios de nuestro organismo: del crecimiento, la secreción, la nutrición y la re-

---

[30] «No parece que se le ocurriese preguntarse si, mientras estuvo ausente, algún individuo la había requerido de amores.»

[31] Pt. I, i, M 2, subs. 7.

producción. Por lo que se refiere a las dos últimas, eso no significa que el comer o las relaciones sexuales sean inconscientes o involuntarios. Lo que pertenece al alma vegetativa son los procesos inconscientes e involuntarios puestos en marcha por dichos actos.

F. EL ALMA Y EL CUERPO

Ninguno de lo modelos hasta ahora ideados ha conseguido crear una unidad satisfactoria entre nuestra experiencia efectiva de sensación, pensamiento o emoción y descripción alguna (de las conocidas) de los procesos corporales que se considera que implican. Por ejemplo, experimentamos una cadena de razonamiento; los pensamientos que «tratan de» o «se refieren a» algo distinto de sí mismos, van engarzados mediante la relación lógica de fundamentos y consecuencias. La fisiología reduce eso a una secuencia de fenómenos cerebrales. Pero no se puede decir en sentido inteligible alguno que los fenómenos físicos, como tales, «traten de» o se «refieran a» algo. Y deban engarzarse, no como fundamentos y consecuencias, sino como causas y efectos, relación que tiene tan poco que ver con el encadenamiento lógico, que tanto la secuencia de los pensamientos de un loco como la de los de un hombre racional la ilustran perfectamente. El abismo entre esos dos puntos de vista es tan abrupto, que se han adoptado remedios desesperados. Los idealistas del tipo de Berkeley han negado los procesos físicos; los behavioristas extremos, los mentales.

El eterno problema se le planteó al pensador medieval en dos formas.

1. ¿Cómo puede el alma, concebida como sustancia inmaterial, actuar lo más mínimo sobre la materia? Evidentemente, no puede actuar como lo hace un cuerpo sobre otro. Se puede discutir si esta forma de exponer la cuestión difiere fundamentalmente de la forma en que la he expresado en el párrafo anterior.
2. «No se puede ir de un extremo a otro sin pasar por un punto medio.»[32] Esa es la antigua máxima procedente del *Timeo* (31^{b-c}),

---

[32] Bright (véase J. Winny, *The Frame of Order*, 1957, p. 57).

que multiplicó tanto las tríadas en las obras de Apuleyo, Calcidio, Pseudo-Dionisio y Alain. Aquel principio profundamente arraigado probablemente habría invitado a los medievales a colocar algo entre el alma. y el cuerpo, aun en el caso de que la cuestión filosófica no nos ofreciese en todas las épocas el escollo que he indicado. Y dicho principio hacía inevitable de antemano que su método de salvar el escollo hubiese de ser el de habilitar un *tertium quid*.

Ese *tertium quid*, ese fantasma encargado de realizar la unión entre el alma y el cuerpo, recibió el nombre de *espíritu* o *espíritus*. Hay que entender que esa acepción no abarca en absoluto el sentido que nos permite calificar de «espíritus» a los ángeles, a los demonios o a los espectros. Pasar de una acepción a otra equivaldría a hacer un juego de palabras.

Se suponía que los espíritus eran justo lo suficientemente materiales como para actuar sobre el cuerpo, pero tan tenues que podían ser influidos por el alma puramente inmaterial. Eran similares, para decirlo *grosso modo*, al éter de la física del siglo xix que, por lo poco que pude saber de él, era y no era material. Esta doctrina de los espíritus me parece el rasgo menos estimable del Modelo medieval. Si el *tertium quid* es en definitiva materia (¿qué tienen que ver con él la densidad y la rareza?) ambos extremos del puente se hallan de este lado del abismo; si no, ambos se hallan en el otro.

Así, pues, los «espíritus» son los *«sutiles gumphus»*[33] requeridos por Platón y Alain para mantener unidos el cuerpo y el alma, o, como dice Donne, «el nudo sutil que nos hace hombres».[34] Se elevan –todavía hablamos de levantar el espíritu– de la sangre como una exhalación; en el lenguaje de Milton, «como suaves brisas de ríos puros» (*Paradise Lost*, IV, 804), Bartolomé de Inglaterra, en *De Praprietatibus* (siglo xiii), traducido al inglés por Trevisa, da la siguiente descripción de ellos. De la sangre, que hierve en el hígado, surge un vapor. Este, después de haberse «purificado», se convierte en espíritu natural, que pone en movimiento la sangre y la «envía a todas las extremidades». Al entrar en la cabeza, dicho espíritu natural vuelve a refinarse una

---

[33] Véase más arriba, p. 59.
[34] *Extasie*, 61.

vez más –se «purifica más»– y se convierte así en espíritu vital y que «produce en las arterias las pulsaciones de la vida». Parte de él entra en el cerebro, donde vuelve a refinarse todavía más y se convierte en espíritu animal. Una parte de este se distribuye por los «miembros de la sensibilidad» (los órganos de las sensaciones), otra parte permanece en las «cavidades» del cerebro para servir de vehículo a las facultades internas; al fluir desde la nuca hasta la médula espinal, produce el movimiento voluntario (III, xxii). Ese espíritu animal es el órgano inmediato del alma racional a través del cual actúa esta, cuando se ha encarnado. «Podemos no creer», añade Bartolomé, «que dicho espíritu es el alma racional del hombre, sino más que nada, como dice Austin, su conducto e instrumento apropiado. Pues el alma se une al cuerpo mediante dicho espíritu». Otras descripciones sustituyeron la tríada de Bartolomé (espíritu natural, vital y animal) por la de espíritu vital, animal e intelectual.[35] Pero, cualquiera que sea la clasificación que de ellos se haga, los «espíritus» siempre tienen la misma función. Como dice Timothy Bright en su *Treatise of Melancholy*[36] (1586), son «un auténtico nudo de amor que junta el alma y el cuerpo: verdaderamente, una naturaleza más divina que el cielo unida a un vulgar puñado de tierra», de forma que el alma «no está encadenada al cuerpo, como algunos filósofos han interpretado, sino abrochada a ella mediante ese precioso botón del espíritu».

Los «espíritus» nos permiten también explicar la locura sin vernos obligados a decir –cosa que se habría sentido como una contradicción de términos– que la propia alma racional pueda perder su racionalidad. Como dice Bartolomé en el mismo lugar, cuando los «espíritus» están debilitados, la «armonía» entre el cuerpo y el alma se descompone, con lo que todo el «funcionamiento [del alma racional] en el cuerpo se paraliza, como vemos en los espantados, en los locos y en los enfurecidos». Al dejar de funcionar el espíritu apropiado, el alma racional queda desconectada del cuerpo material.

Intellectuales spiritus, los «espíritus» intelectuales, pueden convertirse, por elipsis, en «intelectuales» e incluso, es de suponer que por confusión, en «intelectos». De ahí que Johnson hable en *Rambler*,

---

[35] Cf. *Paradise Lost*, V, 483 y ss.
[36] Winny, *op. cit.*, pp. 57-8.

95, de que los «intelectos» de un hombre estén «perturbados» o que Lamb escriba: «tu miedo a los intelectos de Hartley está justificado».[37]

Hemos visto en Bartolomé que los «espíritus» pueden localizarse en diferentes partes del cuerpo. De ahí que no sea descabellado decir que, gracias a ellos, se pueden localizar algunas de las funciones que el alma desempeña. En el pasaje que ya he citado asigna el sentido común y «la capacidad imaginativa» a la «cavidad delantera» o cavidad frontal de la cabeza, el entendimiento a la «cavidad media» y la memoria a la trasera. Los lectores de *Faerie Queene* recordarán que Spenser, aunque omite el sentido común, sitúa igualmente la imaginación (*Phantastes*) en el frente, la razón en el medio y la memoria en el fondo (II, ix, 44 y ss.). A esa «cavidad» central es a la que se refiere Lady Macbeth cuando habla del *receipt of reason* («receptáculo de la razón») [I, vii, 66].

G. EL CUERPO HUMANO

El cuerpo humano nos ofrece otro sentido en el que podemos llamar al hombre microcosmos, pues, igual que el mundo, está compuesto de los cuatro contrarios. Recuérdese que en el mundo estos se combinan para formar los elementos: fuego, aire, agua y tierra. Pero en nuestros cuerpos se combinan para formar los humores. Caliente y húmedo forman sangre; caliente y seco, bilis; frío y húmedo, flema; frío y seco, melancolía. No obstante, el lenguaje popular no siempre observa la distinción entre los humores compuestos de contrarios exteriores a nosotros. Cuando Marlowe dice en *Tamburlaine* (869): «La naturaleza que nos formó a partir de cuatro elementos», o Shakespeare habla de que los «elementos» están perfectamente combinados en Bruto (*Julius Caesar*, V, v, 73), están usando el término «elementos» para referirse a los humores o a los contrarios.

La proporción en que están combinados los humores difiere de un hombre a otro y constituye su *complexio* o *temperamentum*, su combinación o mezcla. Eso explica el hecho curioso de que en el inglés moderno *to lose one's temper* («perder la paciencia o la calma») y to *show ones temper* («dar señales de irritación») sean expresiones sinónimas.

---

[37] A Southey, 8 de agosto de 1815.

Si uno tiene un buen *temperamentum*, puede perderlo momentánea-mente, cuando se irrita. Si lo tiene malo, puede «mostrarlo», cuando la irritación le haga perder el control. Por la misma razón, un hombre que se irrita con frecuencia tiene mal *temperamentum* o es *ill-tempered* («irritable»). Esas expresiones hicieron creer a los hablantes descui-dados que *temper* significaba simplemente irritación, y al final este úl-timo sentido pasó a ser el más corriente. Pero, el antiguo uso está tan vivo todavía, que *flying* «into» *a temper* («saltar, estallar de irritación») y *being put* «out of» *temper* («perder el control a causa de la irritación») coexisten como sinónimos.

Aunque la proporción de humores quizá no sea nunca exactamen-te la misma en dos individuos, evidentemente los temperamentos pueden agruparse en cuatro tipos principales según el humor que predomine en ellos. Uno de los síntomas del temperamento de un hombre es el color de la tez; es decir su «complexion» en inglés mo-derno. Pero no creo que la palabra tuviese nunca ese sentido en el inglés de la Alta Edad Media. La palabra que usaban para lo que en inglés moderno se llama *complexion* era *rode*; como en este ejemplo del *Miller's tale*: *his rode was reed, his eyen greye as goos* («su tez era rojiza; sus ojos, grisáceos como ocas») [A 3 317].

El temperamento en que predomina la sangre es el sanguíneo. Es el mejor de los cuatro, pues la sangre tiene una «afinidad especial con la naturaleza» (*Squire's Tale*, F 353). Sir Thomas Elyot en su *Castle of Health* (1534) enumera como señales del hombre sanguíneo: «rostro pálido y encendido… duerme mucho… sueña con hechos sangrien-tos o cosas agradables… se irrita fácilmente». Creo que no se trata tanto de sueños sobre luchas y heridas, cuanto sobre colores rojo san-gre. Las cosas «agradables» son las que nosotros llamamos «diverti-das». El enfado del hombre sanguíneo es de corta duración; es un poco irritable, pero no adusto ni vengativo. El Franklin de Chaucer, caso paradigmático de ese temperamento, podía echar una buena re-primenda a su cocinera,[38] pero era evidente que tenía buen corazón. La Beatrice de Shakespeare –también ella podía tener «cortas irrita-ciones»– era probablemente sanguínea. Un manuscrito del siglo XV[39] simboliza ese temperamento por medio de un hombre y una mujer,

---

[38] A 351.
[39] Brit. Mus. Add. 17.987.

lujosamente vestidos, que tocan instrumentos de cuerda en un lugar lleno de flores.

El hombre colérico es alto y delgado. El gobernador de Chaucer era «un hombre colérico y delgado» y sus piernas eran «muy largas y muy finas» (A 587 y ss.). Igual que el sanguíneo, se irrita fácilmente; de forma que Chantecleer, que sufre de «un exceso... de encendida cólera» (B 5117-18), es capaz de enzarzarse en peleas hasta con hombres pacíficos: *I hem defye, I love hem nevere a del* (B 4 348). Pero, a diferencia del sanguíneo, el colérico es vengativo. El gobernador da un escarmiento al molinero por su relato y los campesinos de su hacienda lo temían como a la muerte (A 605). Los coléricos sueñan con truenos y con cosas resplandecientes y peligrosas, como flechas y fuego, cosa que Peretelote sabe (B 4 120). El mismo manuscrito que he citado antes muestra como símbolo del temperamento colérico a un hombre que tiene agarrada por los cabellos a una mujer y está azotándola con una cachiporra. Actualmente las madres de niños coléricos dicen que son «enormemente tensos».

Los síntomas del temperamento melancólico que cita Elyot son: «delgado... mucho insomnio (duerme con dificultad)... tiene pesadillas... de opiniones intransigentes... sus enfados son duraderos y torturadores». Hamlet se diagnostica a sí mismo como melancólico (II, ü, 54 640), cita sus pesadillas[40] (*ibid.*, 264) y constituye un ejemplo exagerado de «enfados largos y torturadores». También puede ser delgado; cuando, en V, ii, 298, utiliza la palabra *fat* «grueso» y también «grasiento») probablemente quiera decir «empapado en sudor mugriento». Creo que hoy calificaríamos al melancólico de neurótico. Me refiero al melancólico de la Edad Media. El sentido de la palabra melancolía estaba cambiando en el siglo XVI y empezó a significar muchas veces simplemente «triste» o bien «reflexivo, pensativo, introvertido». Así, en el poema antepuesto a la Anatomy de Burton, «melancolía» parece ser simplemente el ensueño, vivido continuamente en solitario, con todas sus penas, pero también todos sus goces, de quien sueña despierto con el cumplimiento tanto de sus temores como de sus deseos. En el cuadro de Durero, *Malencolia*, parece ser la vida retirada, estudiosa y meditativa.

---

[40] De forma enigmática, indudablemente. Pero apoyan la atmósfera melancólica.

Quizá sea el flemático el peor de los temperamentos. Elyot da como síntoma de él: «gordura... color pálido... sueño suplerfluo (es decir, en exceso)... soñar con agua o peces... lentitud... torpeza para aprender... poco valor». El muchacho o la muchacha flemáticos, gordos, pálidos, perezosos, torpes, son la desesperación de sus padres y maestros; para los demás, o bien son el hazmerreír o pasan desapercibidos. El ejemplo paradigmático es la primera esposa de Milton, si, como sospechamos, su marido pensaba en ella cuando, en *Doctrine and Discipline*, compadecía al hombre que «se encuentra fuertemente atado... a una imagen de tierra y flema» (1, 5). Mary Bennet, el personaje de *Pride and Prefudice*, debía de ser flemática.

Como en el caso de los planetas, los temperamentos deben aceptarse con imaginación, no aprenderse simplemente como conceptos. No corresponden exactamente a ninguna clasificación psicológica de las que nos han enseñado a hacer. Pero la mayoría de las personas que conocemos (excepto nosotros mismos) pueden constituir con bastante aproximación ejemplos de uno u otro.

Además de ese predominio permanente de algún humor en cada individuo, existe también una variación rítmica diaria que da a cada uno de los cuatro un predominio temporal en cada uno de nosotros. La sangre predomina desde medianoche hasta las 6 de la mañana; la bilis, desde esta última hora hasta el mediodía; la melancolía, desde el mediodía hasta las 6 de la tarde; después la flema, hasta la medianoche. (Recuérdese que todo esto se aplicaba a gente que se levantaba de la cama y se acostaba mucho antes que nosotros.) El sueño, en el *Squirés Tale*, avisó a la gente que se acostase a la hora oportuna «pues la sangre estaba en su dominio» (F 347). El término técnico *dominio* podía abarcar en broma otras cosas, como cuando el administrador dice, refiriéndose al cocinero, que «la bebida tiene dominio sobre ese hombre» (H 57). Esa pequeña ocurrencia graciosa pasa desapercibida con frecuencia a los lectores modernos.

H. EL PASADO HUMANO

A veces se ha dicho que el cristianismo heredó del judaísmo una nueva concepción de la historia y que la impuso al mundo occidental. Los especialistas nos dicen que para los griegos el proceso histórico era un flujo sin significado o una reiteración cíclica. El significado había que buscarlo, no en el mundo del devenir, sino en el del ser, no en la historia, sino en la metafísica, en las matemáticas y en la teología. De ahí que los historiadores griegos escribiesen sobre acontecimientos pasados –la guerra con los persas o la del Peloponeso– en la medida en que tenían unidad en sí mismos, y raras veces sentían curiosidad por seguir las huellas del desarrollo de un pueblo o un Estado desde sus orígenes. En una palabra, para ellos la Historia no era un relato con argumento. Por otro lado, los hebreos veían el conjunto de su pasado como una revelación de los fines de Yavé. Al tomar el relevo, el cristianismo convirtió la historia del mundo en su totalidad en un solo relato de significado trascendental con su trama bien definida y basada en la Creación, la Caída, la Redención y el Juicio.

En ese sentido, la *differentia* de la historiografía cristiana ha de residir en lo que llamo historicismo: la creencia en que, mediante el estudio del pasado, podemos aprender una verdad no solo histórica, sino también metahistórica o trascendental. Ejemplos de historicismo son el hecho de que *Novalis* llamase a la historia «evangelio», el de que Hegel viera en ella la manifestación progresiva del espíritu absoluto o el de que Carlyle la calificase de «libro de las revelaciones». El *Oceanus* de Keats habla como un historicista cuando afirma descubrir una

> *eternal law*
> *That first in beauty should be first in might.*[41]

En realidad, los mejores historiadores medievales, como los mejores historiadores de otras épocas, raras veces fueron historicistas.

Lo que es indudable es que la antítesis indicada entre las concepciones pagana y cristiana de la historia es exagerada. No todos los paganos eran griegos. Los dioses escandinavos, a diferencia de los olímpicos, se ven envueltos continuamente en un proceso trágico y trágicamente significativo. La teología eddaica, no menos que la hebrea, convierte la historia cósmica en un relato con trama, un relato irreversible que avanza hacia la muerte al redoble de presagios y profecías. Los romanos no fueron historicistas menos inveterados que los judíos. El tema de la mayoría de los historiadores y de toda la

---

[41] «Ley eterna según la cual lo más bello ha de ser lo más poderoso.»

épica anterior a Virgilio es el de cómo nació Roma y cómo llegó a ser tan grande. Lo que Virgilio expone en forma mítica es precisamente metahistoria. Todo el proceso mundano, los *fata jovis*, funciona para producir el inmortal y consagrado Imperio de Roma.

También existe un historicismo cristiano, por ejemplo en *De Civitate Dei* de san Agustín; en la *Historia contra los paganos* de Orosio o en *De Monarchia* de Dante. Pero las dos primeras obras se escribieron para responder, y la tercera para bautizar, a un historicismo pagano que ya existía. El historicismo elemental que ve decisiones divinas en todos los desastres –los vencidos siempre merecen serlo– o el más elemental todavía que sostenía que todo va a acabar en ruinas, y que así ha sido siempre, no es infrecuente. El *sermo ad Anglos* de Wulfstan constituye un ejemplo de ambos tipos. Algunos historiadores alemanes del siglo XII son historicistas más puros. El ejemplo extremo es Joaquín de Fiore (*ob.* 1202). Pero no era historiador; más que nada, como se dijo, «un aficionado a tratar las cuestiones del futuro»;[42] verdaderamente en aquella época fue cuando los historicistas radicales se sintieron más como en su propia casa. Pero los cronistas que más han contribuido a nuestro conocimiento de la historia medieval, o que han resultado más interesantes en cualquier época, no pertenecían a ese tipo.

Indudablemente los cristianos tienen por fuerza que considerar en última instancia cualquier tipo de historia como un relato con argumento divino. Pero no todos los historiógrafos cristianos consideran que deben tenerlo en cuenta. Pues, tal como los hombres la conocen, es un argumento total, como la elevación y caída de Arturo en la obra de Malory o los amores de Ruggero y Bradamante en la de Ariosto. Como ellos, está adornada con gran cantidad de relatos secundarios, pero en conjunto no desarrolla ninguna tendencia particular del mundo descrito. Las tendencias pueden relatarse solas. No es necesario –quizá no se pueda tampoco– relacionarlas con la historia teológica central de la raza humana. De hecho, la concepción medieval de la Fortuna contribuye a impedir los intentos de realizar una «filosofía de la historia». Si la mayoría de los acontecimientos suceden porque la Fortuna hace girar su rueda, «complaciéndose en su beatitud», y dando a cada uno su baza, el suelo se hunde bajo los

---

[42] F. Heer, *The Medieval World*, trad. de J. Sandheimer (1961).

pies de un Hegel, un Carlyle, un Spengler, un marxista e incluso un Macaulay. Como dijo W. P. Ker, «el interés de la historia era demasiado grande y variado como para que la gobernasen las fórmulas de Orosio; generalmente los cronistas encuentran sus propios puntos de vista y felizmente en muchos casos éstos no son los del predicador».[43]

Los historiadores medievales, después de que hayamos desechado a los historicistas radicales, forman un conjunto variopinto. Algunos de ellos –Matthew Paris, por ejemplo, y quizá Snorre– emplean una metodología científica y critican sus fuentes. Pero, por esa razón, no son especialmente importantes para nuestro objetivo. Lo que nos interesa es la descripción del pasado y la actitud hacia él, propias de los autores literarios y de su auditorio. Lo que buscamos es el pasado imaginado como parte del Modelo.

John Barbour (*ob.* 1 395), al comienzo de su *Bruce*, señala las razones auténticas para estudiar la historia. Los relatos dan placer, aun en el caso de que sean falsos. Pero, si es así, los relatos verdaderos y bien contados (*said on gud maner*) han de dar mayor placer: placer del *carpyng*, el propio hecho de narrar, y placer de enterarse de lo que ocurrió realmente (*the thing rycht as it wes*). Y, en tercer lugar, solamente es correcto recoger los hechos de grandes hombres, pues merecen fama: *suld weill have prys* (1, 1-36). Así, pues, la historiografía tiene tres funciones: solazar la imaginación, satisfacer nuestra curiosidad y saldar una deuda que tenemos con nuestros antepasados. La crónica de san Luis, obra de Joinville, por ser la biografía de un santo, se centra en la tercera función –está escrita «en honor de aquel santo auténtico»–, pero también cumple las otras dos. Froissart (I, Prol.) concibe su obra con un espíritu muy parecido al de Barbour. Escribe para que «aventuras y hechos de armas honorables y nobles… queden recogidos de forma señalada y se recuerden perennemente». Y dicho testimonio proporcionará «pasatiempo» y «placer». Añade un detalle omitido por Barbour: el de que también dará «ejemplo». Con ello no se refiere a las «lecciones de la historia» que se pueden extraer del éxito o fracaso de las formas de gobernar o de la estrategia anteriores. Quiere decir que al leer relatos de hechos valerosos «los audaces dispondrán de ejemplos que les den ánimos».

---

[43] *The Dark Ages* (1923), p. 41.

Hay que observar que la metodología que encontramos en dichos historiadores no difiere en nada de la de autores cuyos temas consideramos completamente legendarios. El autor del libro del siglo xiv sobre Troya, la *Geste Hystoriale*, comienza de forma muy parecida a como lo hace Barbour. Escribe para dejar constancia de las aventuras de antepasados ilustres que ahora casi «están olvidadas». Confía en que «las historias antiguas de hombres bravos, que ocupaban lugares preeminentes puedan ser *solas* («solaz») para quienes las aprenden en escritores que conocieron el hecho de primera mano (*wist it in dede*). A continuación enumera sus fuentes y explica por qué no es digno de crédito Homero. Lydgate dice en su *Troy Book* (1412) que los grandes *conquerouis* habrían perdido su fama en esta época, si *auctours* dignos de crédito, cuyas obras utiliza, no hubieran preservado para nosotros *the verrie trewe corn* («el auténtico grano») de los hechos separado de la paja de la ficción,

> *For in her hand they hilde for a staf*
> *The trouthe only.*[44]
> (*Prólogo*, 152)

No podían ser aduladores, pues escribieron después de la muerte de los héroes a los que celebraban y nadie adula a los muertos (184 y siguientes). Recuérdese que hasta Caxton, aunque nos deja en libertad para dudar de algunos hechos de la *Morte*, afirma que en una discusión se convenció de la historicidad de Arturo. Y su insistencia en el valor «ejemplar» del libro podría figurar, como hemos visto, en la primera página de cualquier crónica.

Estamos familiarizados con los difíciles artificios casi factuales que en época más sofisticada usan algunos autores para dar verosimilitud a relatos que todo el mundo sabe que son imaginarios; las complicadas falsedades de Defoe o Swift, la políglota sarta de documentos del comienzo de *She*.[45] Pero no puedo creer que los autores medievales utilizasen dicho procedimiento. Las propias palabras *story* («relato») y *history* («historia») todavía no habían dejado de ser sinónimas. Hasta

---

[44] «Pues el único báculo que sostenían en la mano era la verdad.»
[45] Se refiere a *Ella*, novela de H. Rider Haggard, el autor de *Las minas del rey Salomón* (N. del T.)

los cronistas isabelinos comienzan la historia de Inglaterra con Brut y sus troyanos. De ello se desprende que la distinción entre historia y relato imaginario no se puede aplicar con su claridad moderna a los libros medievales ni al espíritu con que se leían. No hay ninguna necesidad de suponer que los contemporáneos de Chaucer creían en la historia de Troya o de Tebas como nosotros creemos en las guerras napoleónicas; pero tampoco dejaban de creerlas, cosa que nosotros sí hacemos con respecto a una; novela

Dos pasajes, uno del padre de la historia y otro de Milton, que fue quizás el último historiador en el sentido antiguo, me parece que aclaran esta cuestión. «Es mi deber», dice Herodoto, «recoger lo que se ha dicho, pero no siempre creerlo. Esto es aplicable al conjunto de mi libro» (VII, 152). Y Milton, en su *History of Britain*,[46] dice (el subrayado es mío): «He decidido no omitir lo que ha recibido la aprobación de muchos. Tanto si es cierto como si es falso, atribúyase al crédito de aquellos a quienes debo seguir; en la medida en que dista de lo imposible y de lo absurdo, atestiguado como está por escritores antiguos como procedente de libros más antiguos, no lo rechazo como tema adecuado y propio de la historia».

Tanto Herodoto como Milton rechazaron toda posible responsabilidad fundamental: si los *auctores* hubiesen mentido, que a ellos se achacase. Es cierto que se podía expurgar lo «imposible y absurdo». Pero esta última expresión no se refiere a lo que resultase absurdo después de volver a considerar toda la documentación, como si el autor fuese el primer historiador, como si todavía no existiese ninguna «historia» establecida. Se refiere a lo absurdo *prima facie* de acuerdo con las normas de su propia época. Chaucer podía perfectamente haber creído todos los milagros que figuran en la historia de Constance, obra de Nicholas Trivet; lo que le sorprendió y le pareció absurdo fue que un hombre sensible como Alla hubiese cometido un *faux pas* como el de enviar a un niño de mensajero para el emperador. Por esa razón lo corrigió (B 1 086-92). Pero las palabras que he subrayado son las que resultan verdaderamente esclarecedoras. Lejos de haber dejado de cumplir con su deber al transmitir la «historia» existente (con expurgaciones menores), en lugar de haber realizado una «historia» propia fundada, nueva y mejor, el historiador ha hecho lo que

---

[46] Obras en prosa (Bohn), vol. V, p. 168.

un historiador debe hacer. Pues precisamente ese es el «tema auténtico y propio de la historia». Esa es la misión de la historia. El comprador medieval de un manuscrito que aseguraba exponer la historia británica o troyana no deseaba conocer las opiniones de determinado clérigo sobre el pasado, que se opusiesen presuntuosamente a lo que «ha recibido aprobación de muchos». De esa forma, pronto habría tantas versiones de la historia como cronistas. Deseaba (derecho que Milton le reconocía) el Modelo establecido del pasado, retocado aquí y allá, pero sustancialmente el mismo. Eso era lo útil: para las conversaciones, para los ensamples («ejemplos»).

Me inclino a pensar que la mayoría de quienes leían obras «historiales» sobre Troya, Alejandro, Arturo o Carlomagno, creían que su contenido era casi en su totalidad verdadero. Pero estoy mucho más seguro de que no creían que fuese falso. De lo que estoy absolutamente convencido es de que la cuestión de creer o no creer raras veces les venía a las mientes. No era cuestión suya y es dudoso que lo fuera de alguien. Su tarea era aprender la historia. Si se hubiese puesto en duda su veracidad, habrían sentido que el deber de refutación correspondía íntegramente al crítico. Hasta que no llegase ese momento (y raras veces llegaba), la historia gozaba, por la fuerza de la costumbre inveterada, de una posición en la imaginación que no se podía distinguir –o, en cualquier caso, no se distinguía– de la del hecho. Todo el mundo «sabía» –de igual forma que nosotros «sabemos» que los avestruces esconden la cabeza en la tierra– que en el pasado había habido nueve hombres ilustres: tres paganos (Héctor, Alejandro y Julio César), tres judíos (Josué, David y Judas Macabeo) y tres cristianos (Arturo, Carlomagno y Godofredo de Bouillon). Todo el mundo «sabía» que descendía de los troyanos, de igual forma que todos «sabemos» que Alfred dejó quemar las tortas[47] y que Nelson puso el telescopio delante de su ojo ciego. Así como los espacios situados por encima de los hombres estaban llenos de demonios, ángeles, influencias e inteligencias, así también los siglos que habían quedado atrás estaban llenos de figuras luminosas y coronadas, con las hazañas de Héctor y de Roldán, con las glorias de Carlomagno, Arturo, Príamo y Salomón.

---

[47] Leyenda que se refiere a Alfred (849-99), rey de Wessex, que fue regañado, sin haber sido reconocido, por una campesina, al dejar que se quemaran las tortas de esta. (N. del E.)

Hemos de tener presente constantemente que los textos que ahora hemos de llamar históricos diferían en visión y estructura narrativa de los que debemos llamar literarios mucho menos de lo que una «historia» moderna difiere de una novela moderna. Los historiadores medievales apenas trataban las cuestiones impersonales. Las condiciones sociales y económicas y las características nacionales aparecen solo accidentalmente o cuando las requiere la explicación de algo que figura en el relato. Las crónicas, igual que las leyendas, tratan de individuos: de su valor o villanía, de sus dichos memorables, de su buena o mala suerte. De ahí que a un moderno, las de la época de las Tinieblas le parezcan sospechosamente épicas y las de la Alta Edad Media sospechosamente fantásticas. Quizá la sospecha no esté siempre justificada. Los elementos épicos o fantásticos, como los de la historia económica y social, se dan en el mundo real en todas las épocas; y los historiadores, aun cuando traten de acontecimientos contemporáneos, recogerán aquellos elementos que la inclinación habitual de su imaginación les haya condicionado a advertir. Quizás edades pasadas o futuras podrían admirarse del predominio de lo impersonal en algunas historias modernas; podrían preguntarse incluso: «Pero, ¿es que no había hombres en aquella época?» Hasta los giros expresivos pueden ser idénticos en la crónica y en la literatura. *Or dit le conte* («dice así la historia») encontramos en Froissart (I, iv).

Todas las narraciones medievales sobre el pasado carecen en la misma medida del sentido de la época. Para nosotros el pasado es, antes que nada, una «representación con trajes de época». Desde los primeros libros ilustrados aprendemos la diferencia en vestidos, armas, muebles y arquitectura. No podemos recordar en nuestras vidas conocimiento histórico alguno anterior a ese. Esta caracterización superficial (y a veces inexacta) de épocas diferentes contribuye más de lo que sospechamos a nuestra posterior y más sutil discriminación entre ellas. Nos resulta difícil intentar pensar con las mentalidades de hombres para los cuales no existía. Y en la Edad Media, y durante muchas épocas posteriores, no existió. Se sabía que Adán había ido desnudo hasta que cayó. Aparte de eso, representaban todo el pasado en los términos de su propia época. Lo mismo hicieron, de hecho, los isabelinos. Igual hizo Milton; este último nunca dudó de que *capon and white broth* («capón y caldo blanco») habrían sido tan familiares para Cristo y sus discípulos como para él mismo.[48] Es dudoso que el sentido de época sea más antiguo que las novelas históricas de Walter Scott. Apenas está presente en la obra de Gibbon. Con su *Otranto*, que ahora no defraudaría a los niños de escuela, Walpole podía estar seguro de defraudar al público de 1765. En una época en que se ignoraban las diferencias más evidentes y superficiales entre un siglo (o milenio) y otro, lógicamente ni siquiera se imaginaban las diferencias más profundas, de temperamento y clima mental. Los autores pueden afirmar saber que las cosas en la época de Arturo o de Héctor no eran exactamente iguales que en su propio tiempo, pero sus descripciones contradicen dicha afirmación. Chaucer, en un destello de asombrosa perspicacia, reconoce que en la antigua Troya el lenguaje y las normas del galanteo podían haber sido diferentes de los de su época (*Troilus*, II, 22 y ss.). Pero se trata de un simple destello momentáneo. Los modales, las luchas, los servicios religiosos, las propias regulaciones de tráfico de sus troyanos son los del siglo XIV. Aquella feliz ignorancia fue la que dio al grabador o al poeta medieval su capacidad para infundir vida tan palpitante a cualquier tema «historial» de que se hiciese cargo. También sirvió para excluir el historicismo. Para nosotros, las zonas del pasado se distinguen cualitativamente. Por tanto, los anacronismos no son simples errores; ofenden como la disonancia en música o los sabores inadecuados de un plato. Pero, cuando san Isidoro, en el umbral de la Edad Media, divide toda la historia en seis aetates (V, xxxix), estas no tienen nada de cualitativo. No son fases en una evolución o actos de un drama, son simples bloques cronológicos utilitarios. No le tienta hacer especulación alguna sobre el futuro. Después de haber recorrido las seis *aetates* hasta llegar a su propia época, acaba con la afirmación de que solo Dios conoce el resto de esta *aetas*.

Como ya he dicho, lo más próximo a una «filosofía de la historia» ampliamente difundida en la Edad Media es la frecuente afirmación de que las cosas fueron mejores en un tiempo que en la actualidad. Como leemos en el sermón de Wulfstan: «El mundo se apresura (*is on ofste*)… y corre hacia su fin… así, a causa de los pecados de los hombres, ha de ir empeorando de día en día.» Hacía muchísimo tiempo, dijo Gower, que el mundo había perdido «toda su riqueza» (Prólo-

---

[48] *Smectymnuus, Obras en prosa* (Bohn), vol. 111, p. 127.

go, 95). El amor no es ahora como era en la época de Arturo, dijo Chrétien en los primeros versos de *Yvain*. Malory estaba de acuerdo (XVIII, 25). Y, sin embargo, no me parece que la lectura tanto de las crónicas como de las obras literarias nos dé una impresión de melancolía. La insistencia suele recaer en el esplendor pasado más que en la decadencia que siguió a este. El hombre medieval y el del siglo xix coincidían en reconocer que la suya no era una época muy admirable; no podía compararse (decía uno) con la gloria que había existido, con la gloria que todavía había de venir (decía el otro). Lo extraño es que al parecer la primera concepción engendró en conjunto un talante más alegre. Tanto histórica como cósmicamente el hombre medieval estaba al pie de una escalera; al mirar hacia arriba, se deleitaba. Tanto la mirada retrospectiva como la que dirigía hacia arriba lo regocijaban con un espectáculo majestuoso, y la humildad se veía recompensada con los deleites de la admiración. Así que, gracias a su deficiencia en cuanto a sentido de la época, aquel repleto y grandioso pasado era más inmediato para él de lo que el oscuro y bestial pasado era para un Lecky o un Wells. Difería del presente solo por ser mejor. Héctor era como cualquier caballero, solo que más bravo. Los santos observaban desde arriba la vida espiritual de cada uno; los reyes, los sabios y los soldados, su vida secular: para consolar, alentar e instruir. En todas las edades había amigos, antepasados, protectores. Cada cual tenía su lugar, por modesto que fuese, en un gran linaje; no había razones para sentirse ni orgulloso ni abandonado.

I. LAS SIETE ARTES LIBERALES

Asignar a un plan de estudios un lugar en el Modelo del universo puede aparecer absurdo al principio; y lo sería si los medievales lo hubieran considerado como nosotros consideraríamos hoy los «temas» de un sílabo. Pero este se consideraba inmutable;[49] el número siete es divino; por una costumbre muy antigua, las artes liberales habían adquirido una posición semejante a la de la propia naturale-

---

[49] La práctica efectiva de la educación medieval y su historia son una cuestión diferente. Una buena introducción ofrecen los capítulos que tratan el tema en *Evorution of Medieval Thought* (1962), de D. Knowles.

za. Las artes, no menos que las virtudes y los vicios, estaban personificadas. La gramática todavía estaba sentada, con su abedul, mirando desde arriba los claustros del Magdalene College. Dante, en el *Convivio*, introduce con el mayor cuidado las artes en el armazón cósmico. La retórica, por ejemplo, corresponde a Venus; entre otras razones, porque es «la más atractiva de todas las disciplinas», *soavissima di tutte le altre scienze*. La aritmética es como el Sol, pues, así como este da luz a todos los demás astros, así también aquella ilumina las demás ciencias, y, de igual forma que la luz del Sol deslumbra nuestros ojos, la infinidad de números confunde nuestra inteligencia. Y cosas semejantes dice de las demás (II, xiii).

Todo el mundo sabe que las artes eran gramática, dialéctica, retórica, aritmética, música, geometría y astronomía. Y casi todo el mundo ha visto alguna vez el pareado:

> *Gram loquitur, Dia verba docet, Rhet verba colorat,*
> *Mus canit, Ar numerat, Geoponderat, Ast colit astra.*

Las tres primeras constituyen el *Trivium*, o triple camino; las cuatro últimas, el *Quadrivium*.

«La gramática habla», como dice el pareado; o, tal como la define san Isidoro, «la gramática es la habilidad para hablar» (1, i). Es decir, nos enseña latín. Pero no debemos pensar que aprender gramática correspondía a lo que ahora llamaríamos recibir una educación «clásica» o incluso llegar a ser un «humanista» en el sentido renacentista. El latín era todavía el esperanto vivo del mundo occidental. Y todavía se escribían grandes obras en esa lengua. Era la lengua *par excellence*, de forma que la propia palabra «latín» −*laeden* en anglosajón y *leden* en inglés de la Alta Edad Media− acabaron por significar lengua. Canace, en el *Squirés Tale*, gracias a su anillo mágico

> *understood wel everything*
> *That any foul may in his ledene seyn*[50]
> (F 435)

---

[50] «Entendía perfectamente lo que cualquier necio pudiera decir en su lengua.»

Petrarca usa en el mismo sentido la palabra italiana latino. Un intérprete era un *latiner*, palabra de la que procede el nombre Latimer. Pero, mientras que la gramática estaba así reducida a una sola lengua, su otro sentido abarcaba mucho más que el dominio que hoy considera propio. Así había sido durante siglos. Quintiliano sugiere que literatura es la traducción exacta del griego *grammatike* (II, i), y literatura, aunque no significaba «literatura», abarcaba mucho más que el aprendizaje de la lectura y la escritura. Abarcaba todo lo que se necesita para «componer» un libro «de acuerdo con los cánones»: sintaxis, etimología, prosodia y la explicación de las alusiones. San Isidoro considera incluso la historia como una sección de la gramática (1, xli-xliv). Habría calificado este libro que estoy escribiendo como libro de gramática. Quizá nuestro equivalente más aproximado sea erudición. En el uso popular *grammatica* o *grammaria* tenía el vago sentido de cultura en general, y, como la cultura es a la vez un objeto de respeto y de desconfianza para las masas, la gramática en la forma *grammary* pasó a significar magia. Así, en la balada de King Estmere: «Mi madre era una mujer del oeste versada en *grammarye*.» Y de *grammary*, mediante un cambio de sonido corriente, procede *glamour* («hechizo»), palabra cuyas asociaciones con «gramática» e incluso con «magia» en la actualidad han sido eliminadas por los especialistas en cuestiones de belleza.

La invención de dicho arte se atribuyó tradicionalmente a Carmente o Carmentis,[51] la hija del rey Evander. Las auténticas autoridades eran Donato (siglo IV) y Prisciano (siglos V y VI). El muy utilizado manuscrito de Donato era el *donat* o *donet*, que por una fácil transferencia pasó a significar el «abecedario» o los «crudimentos» de cualquier materia. Covertyse dice en *Piers Plowman*: «*ich drow me among drapers my donet to lerne*».[52]

En el pareado antes citado la dialéctica «enseña palabras», afirmación hermética. Lo que realmente significa es que, después de haber aprendido a hablar en la gramática, debemos aprender a hablar con sentido, a argumentar, a aprobar y desaprobar. La base medieval de dicho arte fue al principio un *isagoge* o introducción a Aristóteles escrita por Porfirio y traducida al latín por Boecio. Por su contenido era una

---

[51] San Isidoro, I, iv; Gower. IV, 2 637.
[52] «Entre los pañeros tuve que aprender los rudimentos del oficio.»

simple obra sobre lógica. Pero, cualquiera que haya intentado enseñar lógica sabe lo difícil que es, especialmente con un alumno inteligente, evitar que surjan preguntas que nos obliguen a tratar de metafísica. El pequeño tratado de Porfirio también provoca dichas preguntas y, de acuerdo con su limitado propósito, las deja sin respuesta. Esa limitación metodológica se confundió con una posición de duda, que se atribuyó, no a Porfirio, sino a Boecio. De ahí los versos:

> *Assidet Boethius stupens de hac lite,*
> *Audiens quid hic et hic asserat perite,*
> *Et quid cui faveat non discernit rite;*
> *Non praesumit solvere litem definite.*[53]

Hemos de hacer dos aclaraciones, que pueden ser útiles para algunos; confío en que los demás me las perdonarán.

1. «Dialéctica», en el moderno sentido marxista y de origen hegeliano, no tiene nada que ver con el sentido en que aquí la usamos. Debe dejarse de lado completamente, cuando hablemos de dialéctica antigua o medieval. En este caso significa simplemente arte del debate. Nada tiene que ver con la dinámica de la historia.
2. La dialéctica se ocupa de las demostraciones. En la Edad Media había tres clases de demostraciones: por la razón, por la autoridad y por la experiencia. Una verdad geométrica se establece por la razón; una verdad histórica, por la autoridad, por los *auctores*. Gracias a la experiencia descubrimos que las ostras nos sientan bien o mal. Pero, a veces, las palabras que la Edad Media usa para expresar dicha tricotomía pueden inducirnos a error. Muchas veces son suficientemente claras, como cuando la Comadre de Bath dice:

> *Experience, though noun auctoritee*
> *Were in this world were right ynough to me*

---

[53] «Junto a ellos está sentado Boecio, perdido en vacilaciones, oyendo a ambos lados afirmaciones cultas, sin saber de parte de quién ponerse en ese debate. Por eso no pone término al pleito.»

To speke of wo that is in marriage.[54]

Pero, desgraciadamente, la palabra experiencia no siempre se usa para referirse al tercer tipo de prueba. Hay dos variantes. Aprender gracias a la experiencia puede ser sentir; o, de forma todavía más equívoca, el conocimiento por la experiencia puede ser *preve* (es decir, prueba). Así, Chaucer abre su *Legend of Phillis* diciendo que la máxima «la fruta mala procede de un árbol malo» puede aprenderse no solo por la autoridad sino también *by preve*, es decir, empíricamente. En *Hous of Fame*, el águila dice que el poeta puede «sentir» la teoría del sonido que acaba de enunciar (826). El verso del *Knight's Tale* «*Ne who most felingly speketh of love*»[55] (A 2 203) suena muy moderno. Pero «hablar con sentimiento» quizá signifique hablar con conocimiento de primera mano. Indudablemente, era de esperar que quienes lo hiciesen podrían también hablar «con gran sentimiento» en el sentido en que nosotros usamos la expresión; pero dudo de que *felingly* pudiese significar «con emoción» en inglés de la Alta Edad Media.

Todo lo que ahora llamaríamos crítica pertenecía a la gramática o a la retórica. El gramático explicaba el metro y las alusiones de un poeta; el retórico se ocupaba de la estructura y el estilo. Ninguno de los dos tenía nada que decir sobre el punto de vista o la sensibilidad individual, la majestuosidad o mordacidad, el sentimiento o el humor, que la estructura y el estilo engloban. Eso explica que los elogios a los poetas se basen casi siempre en motivos puramente estilísticos. Virgilio es para Dante el poeta que le enseñó su bello estilo (*Inferno*, l, 86). En el *Clerk's Prologue* Petrarca es para Chaucer el hombre que ilumina toda Italia con su *rethoryke swete* («dulce retórica») [E 31]. Chaucer en el *Book of Thebes* es para Lydgate «la flor y nata» de los poetas británicos por la «calidad de su retórica y de su elocuencia» (Prólogo, 40). Todos los sucesores medievales de Chaucer hablan de él de igual forma. Sería imposible descubrir a través de esas alabanzas que jamás hubiese descrito personaje lleno de vida o que hubiera contado un cuento divertido.

---

[54] «Aunque no hubiese autoridad sobre ese tema en este mundo, la experiencia me bastaría para hablar de la pena que encierra el matrimonio.»
[55] «Quien con más sentimiento habla de amor.»

Los antiguos maestros de retórica dirigían sus preceptos a los oradores en una época en que la capacidad de hablar en público era indispensable para todo hombre público –incluso para un general en el campo de batalla– y para cualquier hombre privado que se viese involucrado en un pleito. Por tanto, la retórica no era tanto la más atractiva (*soavissima*), cuanto la más práctica de las artes. En la Edad Media pasó a ser literaria. Sus preceptos iban dirigidos tanto a los poetas como a los abogados. No había antítesis, ni distinción siquiera, entre retórica y poesía. Creo que todos los retóricos se dirigían siempre a alumnos que iban a utilizar el latín, pero su obra influyó también en la práctica vernácula. El apóstrofe de Chaucer a «Gaufred, querido maestro ilustrísimo» en el *Nun's Priest's Tale* (B 4 537) ha conservado viva la memoria de Geoffrey de Vinsauf, quien «floreció» hacia el año 1200 y escribió la *Nova Poetria*,[56] obra cuyo valor reside en su extraordinaria ingenuidad.

Divide el *ordo* (que algunos llaman *dispositio*) en dos tipos: natural y artificial.[57] El natural sigue el consejo del Rey de Corazones[58] al empezar por el principio. El artificial es de tres clases. Se puede empezar por el final (como en el *Edipo rey* o en una obra de Ibsen), por el medio (como Virgilio y Spenser) o con una *Sententia* o *Exemplum*. Chaucer comienza con una sententia o máxima en el Parlement, en *Hous of Fame*, en el *Prologue to the Legend*, en *Legend of Phillis* y en *Prioress's Tale*. No puedo recordar caso alguno en que empiece con un *Exemplum*, pero todo el mundo sabe lo frecuentes que son en su obra. Los versos 1367 a 1456 del *Franklin's Tale* constituyen una serie de ellos, y Troilo tiene buenas razones para decir a Pandarus:

> *What knowe I of the Quene Niobee?*
> *Lat be thyne olde ensaumples I thee preye.*[59]
> (I, 759)

En este caso Geoffrey está tratando un problema real, con el que todos nos hemos enfrentado aunque pocos de nosotros lo plantearíamos de forma tan clara. El orden natural no siempre sirve. Y el

---

[56] Faral, *Les Arts Poétiques du XII et XIII siecles*.
[57] II, 100 y ss.
[58] Cf. *Alicia en el País de las Maravillas*, cap. XII. (N. del T.)
[59] «¿Qué sé yo de la reina Niobe? Te ruego me ilustres con los viejos ejemplos.»

plan de empezar con una *Sententia* o con algo parecido es como un espíritu insepulto. «Se pasea» por este párrafo inevitable con que los escolares empiezan sus redacciones, de acuerdo, al parecer, con lo que se les enseña.

Lo que dice sobre la *amplificatio*[60] es casi desconcertante. Llama, con toda franqueza, a los diferentes métodos de «amplificar» la obra *morae* («demoras»), como si el arte de la literatura consistiese en aprender a decir mucho, cuando no se tiene gran cosa que decir. Sospecho que esa era su opinión. Pero eso no quiere decir que las *morae* que recomienda sean todas necesariamente malas, sino que no entiende –yo también confieso no entenderla completamente– su función real.

Un tipo de *mora* es la *expolitio*. Su fórmula es: «disfrácese la misma cosa con una diversidad de formas; que sea diferente sin dejar de ser la misma»:

> *multiplice forma*
> *Dissimuletur idem; varius sis et tamen idem.*

Parece horrible. Pero no lo es en los Salmos, ni en

> *Cut is the branch that might have grow full straight*
> *And burned is Apollds laurel bough.*[61]

Está menos logrado en

> *When clouds are seen wise men put on their cloaks;*
> *When great leaves fall then winter is at hand;*
> *When the sun sets who does not look for night?*
> *Untimely storms make men expect a dearth.*[62]
> (*Richard* III, II, iii, 32 y ss.)

---

[60] III, A 220 y ss.

[61] «Cortada está la rama que podría haber crecido derecha y quemado el ramo de laurel de Apolo.»

[62] «Cuando se ven nubes, los hombres prudentes se ponen capas; cuando caen grandes hojas, es señal de que se acerca el invierno; cuando se pone el sol, ¿quién no aguarda la noche? Las tormentas prematuras anuncian a los hombres la escasez.»

Otra es *circunlocutio*. «Para alargar la obra, no llames las cosas por su nombre» (*Longius ut sit opus ne panas nomina rerum*). Así, Dante invoca a «la concubina del antiguo Titón», la *concubina di Titone antico*, en el *Purgatorio* (IX, 1), o Chaucer, al comienzo de *Troilus*, 111, en lugar de «Oh, Venus», escribe:

> *O blisful light of which the bemes clere*
> *Adorneth ot the thridde hevene faire,*
> *O sonnes lief, O Joves daugther dere,*
> *Pleasaunce of love, O goodly debonaire...*[63]

Pero la más importante de todas las *morrae* es la *diversio* o digresión. Casi todos nosotros, cuando empezamos a leer poesía medieval por primera vez, tuvimos la impresión de que los poetas no eran capaces de ceñirse al tema central. Puede incluso que pensásemos que iban a la deriva con la corriente de la mente. El nuevo interés por la retórica medieval –feliz novedad en el medievalismo del siglo xx– acaba con esa idea. Para bien o para mal, la tendencia a las digresiones de los escritores medievales era producto del arte, no de la naturaleza. La segunda parte del *Roman de la Rose* se apoya en las digresiones en la misma medida, no de la misma forma, que Tristram Shandy. Se ha sugerido[64] incluso que la técnica peculiar de los narradores y de sus continuadores renacentistas, el entrecruzamiento de los relatos que se mezclan e interrumpen mutuamente de forma tan incesante, puede ser otra aplicación del principio de digresión y proceder de la retórica.

Esa teoría que, por mi parte, no acepto totalmente, tiene en cualquier caso el mérito de volver a colocar en su propio contexto las digresiones recomendadas por Geoffrey. Se puede considerar como expresión del mismo impulso que vemos puesto en práctica en muchas muestras de la arquitectura y decoración medievales. Podemos llamarlo gusto por lo laberíntico: la tendencia a ofrecer a la mente o al ojo algo que no se puede asimilar de una ojeada, algo que al principio parece improvisado, aunque todo responda a un plan. Cada cosa

---

[63] «Oh dichosa luz cuyos claros rayos ornan el tercer cielo, oh estimado sol, oh querida hija de Júpiter, satisfacción de amor, oh muy gentil...»

[64] Véase Vinaver, *Works of Malory*, vol. I, pp. xlviii y ss.

conduce a otra, pero por senderos intrincados. En cualquier punto surge la pregunta: «¿Cómo hemos llegado aquí?», pero siempre hay una respuesta. El profesor Gunn[65] ha contribuido mucho a facilitarnos la recuperación del gusto mediante el cual se podía disfrutar una estructura literaria de ese tipo; dicho gusto permitía advertir que el tema principal, al dar lugar a tantas digresiones que, a su vez, producían otras secundarias, mostraba la fuerza ramificada de un árbol vigoroso, glorioso y abundante.

Las otras *morae* son *apostropha* y *descriptio*, que no requieren comentario.

Sobre *ornatus*, adorno estilístico, Geoffrey da un consejo importante: «No dejes que una palabra permanezca siempre en su posición natural» (*noli semper concedere verbo In propio residere loco*). Se basa en la práctica de autores como Apuleyo; en una lengua con declinaciones como el latín prácticamente no hay límite para las posibles dislocaciones del orden de las palabras. Y, sin embargo, Chaucer puede llevarla muy lejos en inglés y con tal habilidad, que no siempre lo advertimos:

> *The double sorwe of Troilus to tellen*
> *That was the King Priamus sone of Troye,*
> *In loving how his aventures fellen*
> *Fro wo to wele and afrer out of ioye,*
> *My purpose is...*[66]
>
> (*Troilus*, I, I y ss.)

Pasa con bastante facilidad, pero en ningún período de la historia del inglés se habría podido usar una frase así en la conversación. Tampoco fue Chaucer el último poeta que practicó ese elegante desorden.

Podemos sacar dos enseñanzas: (1) que el orden de las palabras en la poesía de la Alta Edad Media no puede ser testimonio de la lengua hablada; y (2) que cuando una particularidad del orden nos parezca una concesión decepcionante a las necesidades métricas, puede que no lo sea.

---

[65] *The Mirrvr of Love* (Lubbock, Texas, 1952).

[66] «Mi objetivo es hablar de Troilo, hijo del rey Príamo de Troya, y de cómo sus aventuras amorosas subieron y cayeron de la pena al gozo y, después, de este a doble pena...»

Además del problema de cómo comenzar una composición, existía el de cómo acabarla. Mateo de Vendome, en su *Ars Versificatoria*[67] (finales del siglo XIII), indica cinco procedimientos.[68] Uno es *per epilogum*, es decir, *per recapitulationem sententiae*, resumiendo la «sentencia» o conclusión moral del conjunto. Así acaba Chaucer en los cuentos del Molinero, del Capataz y del Médico.

Otro es el de pedir a alguien que corrija la obra, como Chaucer pide a Gower al final de *Troilus* (V, 1 856).

El tercero es *per veniae petitionem*, pidiendo indulgencia por las deficiencias. Gower usa ese método en al *Confessio* (VIII, 3 062 1.ª versión) y Hawes en el *Plastime of Pleasure* (5 796).

El cuarto consiste en una jactancia, *per ostentationem gloriae*. El precedente clásico en el *exegi monumentum*. Pocos poetas medievales fueron –si es que alguno lo fue– suficientemente audaces como para seguirlo.

Por último, se podía acabar con la alabanza a Dios. En *Troilus* (V, 1 863), Chaucer combina este procedimiento con el segundo. En el *Phisicien's Tale* vemos en pleno funcionamiento los principios retóricos. Aquí tenemos el análisis:

1-4 Relato.

5-29 *Descriptio* interrumpida por *Prosopopea* de la Naturaleza

30-71 *Descriptio* resumida.

72-92 *Apostropha* a las ayas.

92-104 *Apostropha* a los padres.

105-239 Relato.

240-244 *Exemplum* de la hija de Jephthah.

245-276 Relato.

277-286 Fin *per recapitulationem sententiae*.

La proporción es de diez versos de amplificación por cada dieciséis versos de narración. El *Manciple's Tale* es igualmente retórico; en el *Pardoners Tale* la digresión está usada de tal forma que resulta, en la actualidad, más fácil de disfrutar.

---

[67] Véase Faral, *op. cit.*
[68] IV, xlix.

Podemos despachar someramente las artes del *quadrivium*. Sobre la astronomía ya hemos hablado en un capítulo anterior. Sobre el vasto y atractivo tema de la música medieval el lector debe consultar guías más cualificados que yo;[69] y la geometría influye poco en la literatura. No obstante, vale la pena recordar que durante la Edad Media la aritmética adquirió una nueva herramienta de valor incalculable: los llamados números «árabes». En realidad, el sistema es de origen indio y data del siglo v, pero llegó a Occidente a través de la obra del matemático del siglo ix Ben Musa, conocido por Al-Khowarazmi. Tuvo como consecuencia un curioso remolino de errores y leyendas. «Al-Khowarazmi» (el hombre de Khawarazm) sugirió un nombre abstracto, *algorism*, posteriormente *augrim*, que significa cálculo. De ahí «las figuras de *augrim* en el *Ancrene Wisse*. Después, para explicar la palabra *algorism*, se inventó un matemático *Algus*, de forma que el *Rornan de la Rose* habla de

Algus, Euclidees, Tholomees
(16 373)

Pero en el verso 12 994 Algus se ha convertido en Argus, forma en la que pasó al Book of the Duchess: «Argus, el ilustre matemático.»

---

[69] Véase *New Oxford History of Music*, vols. II y II; G. Reese, *Music in the Middle Ages* (Nueva York, 1940) y *Music in the Renaissance* (Nueva York, 1954); C. Parrish, *The Notation of Medieval Music* (1957); F. L. Harrison, *Music in Medieval Britain* (1958).

8
La influencia del Modelo

At sight of all this World beheld so faire.[1]

MILTON

Nadie que haya leído las más excelsas muestras de la poesía medieval y renacentista habrá dejado de advertir la cantidad de sólidos conocimientos –de ciencia, filosofía e historia– que contienen. En algunos casos, como en la *Comedia* o en el *Dreme* de Lyndsay o en los *Cantos a la Mutabilidad* de Spenser, el tema elegido permite e invita a tratar dichas materias. En otros casos, estas van unidas a un tema que, para nuestros cánones, parece que podría perfectamente haber prescindido de ellas; por ejemplo, la forma en que el carácter y la influencia de los planetas interviene en el *Knight's Tale* o en el *Testament of Cresseid*. También pueden parecernos «cogidas por los pelos» en pasajes en que estoy seguro de que al autor medieval le habrían parecido totalmente pertinentes. Cuando el autor de *Gawain* comienza con la caída de Troya no está simplemente recargando su obra. Está obedeciendo al principio de «un lugar para cada cosa y cada cosa en su sitio», haciendo que Gawain, gracias a Arturo, Arturo gracias a Brut y Brut gracias a Troya encajen en el Modelo «historial» total. Sin embargo, el procedimiento más corriente es el de la digresión. Digresiones como las que encontramos en el *Roman de la Rose* sobre la Fortuna (4 837-5 070), sobre el libre albedrío (17 101-778), sobre la nobleza auténtica (4 837-5 070), (18 589-896), sobre la función y limitaciones de la Naturaleza (15 891-16 974), sobre la inmortalidad

---

[1] «A la vista de este Mundo que parece tan hermoso.»

de los dioses o los ángeles, que no es original (19-063-112). En ciertos casos los lectores pueden no coincidir con respecto a la cuestión de hasta qué punto constituye una digresión un pasaje sobre cosmología o metafísica. Puede que se considere oportuna la extensa dramatización (en forma cristianizada) de la distinción aristotélica entre la naturaleza y la región situada por encima de ella, que ocupa los versos 3 344 a 3 396 (en la versión de Lydgate) del *Pelerinage* de Deguileville. Y algunos piensan que el pasaje de *Troilus*, V, que trata del libre albedrío no es una digresión.

La forma más simple en que se expresa esa tendencia es el catálogo. En la obra de Bernardo vemos catálogos de jerarquías, estrellas, montañas, animales, ríos, bosques, vegetales, peces y aves (1 Metr. III); en *Hous of Fame*, de músicos (III, 1201 y ss.); en el *Franklin's Tale*, de mujeres virtuosas (F 1367· y ss.); en el *Kings Quair*, de animales (est. 155-7); en el *Temple of Glas*, de amantes famosos (55 y ss.); en el *Trial of the Fox*, de Henryson, de animales (*Fables*, 881 y ss.); en *Court of Sapience*, de piedras (953 y ss.), peces (1198 y ss.), flores (1282 y ss.), árboles (1374 y ss.), aves y cuadrúpedos (1387 y ss.). En *Palice of Honour*, de Douglas, figuran catálogos de sabios, amantes, musas, montañas, ríos y «hombres y mujeres nobles de historias bíblicas y paganas». El plan completo de los *Trionfi* de Petrarca parece ideado con el fin de admitir la mayor cantidad posible de catálogos.

Al principio nos parece pedante, pero esta no puede ser de ninguna manera la explicación auténtica. Gran parte del saber, aunque no todo, era demasiado común para que un autor pudiera destacarse con su descripción. Henryson podía esperar, y con razón, que lo admirasen por haber descrito las características de los planetas de forma tan brillante, pero no por haber dado pruebas de conocerlos. La misma objeción se puede hacer contra la opinión que adopté, cuando, hace años, hice mi primer estudio de la literatura medieval. Pensé que, en una época en que los libros eran escasos y el apetito intelectual enorme, cualquier tipo de conocimiento habría recibido buena acogida en cualquier contexto. Pero eso no explica por qué presentaron los autores tan de buena gana un saber que la mayoría de sus lectores ya poseía . Tenemos la impresión de que los medievales, igual que los «hobbits» del profesor Tolkien, disfrutaban con libros que les contaban cosas que ya conocían.

Puede haber otra explicación basada en la retórica. Esta recomendaba las *morae*: desarrollar los relatos con lentitud y prolijidad.

¿Intercalarían quizá todo aquel saber e «historia» simplemente *longius ut sit opus*, «para que la obra sea más larga»? Pero quizás esta opinión pase por alto el hecho de que la retórica explica las características formales, no materiales. Es decir, puede aconsejar a los autores que hagan digresiones, no precisar lo que deben contar en ellas. Puede aprobar los «lugares comunes», pero no puede decidir qué es lo que merece la calificación de «lugar común». De la lectura del texto del doctor Curtius[2] sobre el *locus amoenus*, esa deliciosa escena en cuyo cultivo tantos poetas se ejercitaron, un lector no avisado podría sacar una impresión falsa (que, naturalmente, no atribuyo al propio doctor Curtius). Podría pensar que a la retórica se debía no solo el tratamiento de dicho «lugar común», sino también la popularidad que lo hizo ser común. Pero la retórica no era un sistema tan cerrado. Era la naturaleza –el movimiento de la luz y la sombra, los árboles, las corrientes de agua y la brisa que caracterizan a aquella, y su efecto sobre los nervios y los sentimientos humanos– la que hacía que el *locus* fuese *amoenus* y, por esa razón exclusivamente, *communis*. De igual forma, si los catálogos y digresiones contienen determinado tipo de materiales, se debe a que a los escritores y a sus lectores les gustaban. Las digresiones no tienen que tratar necesariamente de las grandes características permanentes del universo, a menos que así se desee. En general, los extensos símiles de Homero o los «episodios» de Thomson no lo hacen. La mayoría de las veces son *vignettes*.

Tampoco podía ampliarse fácilmente la explicación retórica para que abarcase las artes plásticas, en las cuales encontramos el mismo fenómeno. Estas vuelven a expresar una y otra vez las creencias existentes con respecto al universo. Ya he citado[3] la cúpula situada encima de la tumba de Chigi, que vuelve a formular de forma magnífica la doctrina boeciana de la providencia y el destino. No es un ejemplo aislado. En el palacio del Dux los planetas miran hacia abajo desde los capiteles, cada uno de ellos rodeado de sus «hijos», mortales que muestran su influencia.[4] En Florencia volvemos a encontrarlos, cu-

---

[2] *European Literature and The Latin Midd'le Ages*, pp. 195 y ss.
[3] Véase más arriba, p. 80.
[4] Seznec, *op. cit.*, fig. 21.

riosamente disfrazados por influencia de la iconografía sarracena, en Santa María del Fiore.[5] y también en Santa María Novella, formando parejas, al estilo del *Convivio*, con las siete artes liberales.[6] El Salone (Palazzo della Ragione) de Padua[7] es una muestra, perteneciente a otra arte, muy paralela a los *cantos a la Mutabilidad* de Spenser. Los planetas, sus hijos, los signos del Zodíaco, los Apóstoles y los trabajos de los hombres aparecen colocados en sus meses correspondientes.

Y, así como en el *Testament of Cresseid* los planetas no están simplemente presentes, sino inmersos en la trama, así también en los edificios el material cosmológico va incluido en lo que podemos llamar la trama de un edificio. Al principio podríamos suponer que las constelaciones pintadas en la cúpula situada encima del altar de la antigua sacristía de San Lorenzo de Florencia eran meros elementos decorativos, pero están en las posiciones correctas correspondientes al 9 de julio de 1422, fecha en que se consagró el altar.[8] En el palacio Farnesina están dispuestos de forma que coincidan con el día de nacimiento de Chigi, para quien se hizo la obra.[9] Y, al parecer, el Salone de Padua está diseñado de forma que, a la salida del Sol, sus rayos caigan sobre el signo en que entonces se encuentre.

El desaparecido arte de los misterios teatrales gustaba de exponer temas semejantes. Y recientemente se ha demostrado que muchas pinturas renacentistas, que en un tiempo se consideraron simplemente fantásticas, están cargadas, y casi abarrotadas, de cuestiones filosóficas.[10]

Como al comienzo de este libro, volvemos a ver un paralelismo sorprendente, pero engañoso, entre el comportamiento medieval y el primitivo. Todos esos esfuerzos para reproducir en el nivel de la Tierra las grandes operaciones de la naturaleza[11] recuerdan mucho a los intentos del hombre primitivo para dirigir o provocar dichas operaciones mediante su imitación: provocar la lluvia haciendo rui-

---

[5] *Ibid.*, fig. 63.

[6] *Ibid.*, fig. 22.

[7] *Ibid.*, fig. 73.

[8] Seznec, *op. cit.*, p. 77.

[9] *Ibid.*, p. 79.

[10] Véase E. Wind, *Pagan Mysteries in the Renaissance* (1958).

[11] «La mayoría de los relojes no eran tanto cronómetros como representaciones de la estructura del universo.» (L. White, Jr., *Medieval Technology and Social Change*, Oxford, 1962, p. 122.)

do parecido al de una tormenta con un palo y un tam-tam. Pero la credulidad medieval y renacentista iban en la dirección opuesta. Los hombres se inclinaban mucho menos a pensar que podían dirigir las fuerzas translunares que a pensar que estas últimas los dirigían a ellos. El peligro auténtico era el determinismo astrológico, no la magia imitativa.

Creo que la explicación más sencilla es la más válida. Los poetas y demás artistas describían aquellos fenómenos porque vivían con la mente puesta en ellos. Otras épocas no han tenido un Modelo aceptado tan universalmente, tan imaginable y tan satisfactorio para la imaginación como el suyo. Marco Aurelio[12] deseaba que los hombres amasen el universo como un hombre puede amar su ciudad. Estoy convencido de que algo así era posible en la época que estamos estudiando. Al menos, bastante parecido. Creo que el deleite que el universo producía a los medievales y renacentistas era más espontáneo y estético y menos consciente y resignado que cualquiera de los sentidos que el emperador romano diese a su afirmación. Era un «amor a la naturaleza», aunque no en el sentido de Wordsworth.

En consecuencia, no consideraban que la función exclusiva de las artes fuese la de reproducir o comentar la vida humana que los rodeaba. Los trabajos de los hombres aparecen en el escudo de Aquiles con sentido propio. En los *Cantos a la Mutabilidad* o en el Salone aparecen no solo con sentido propio, sino también por su relación con los meses y, por tanto, con el Zodíaco y también con la totalidad del orden natural. Eso no significa en absoluto que Homero fuera indiferente y el artista posterior fuese didáctico. Significa que, mientras que Homero se recreaba en los detalles, el artista posterior se recreaba también con aquella gran estructura imaginaria que les concedía todo el lugar que merecían. Cualquier hecho e historia particular adquiría mayor interés y producía mayor placer, si, por estar adecuadamente insertado en él, recordaba al Modelo como totalidad.

Si estoy en lo cierto, en aquella época el hombre de genio se encontraba en una situación muy diferente de la de su moderno sucesor. Hoy dicho hombre se siente muchas veces, quizá habitualmente, confrontado con una realidad cuyo significado no puede conocer, o con una realidad que carece de significado; o incluso con una rea-

---

[12] IV, 23.

lidad tal, que la propia pregunta de si tiene significado carece de sentido. A él le corresponde, gracias a su sensibilidad, descubrir un significado, o, a partir de su subjetividad, atribuir un significado –o, por lo menos, una forma– a lo que en sí carece de uno y de otra. Pero el Modelo del universo de nuestros antepasados tenía un significado establecido. Y con dos sentidos: como «forma significante» (pues es un plan admirable) y como manifestación de la sabiduría y bondad que lo crearon. No había necesidad alguna de infundirle belleza o vida. Diciéndolo de forma más enfática: no era asunto suyo. De por sí era perfecto. La única dificultad residía en responder adecuadamente.

Todo eso, en caso de que se acepte, quizá sea suficiente para explicar algunas características de la literatura medieval.

Puede explicar, por ejemplo, tanto su defecto más típico como su virtud más característica. El defecto es, como sabemos, la tediosidad: una tediosidad completa, abierta y prolongada, hasta el punto de que el autor ni siquiera parece intentar interesarnos. El *South English Legendary* o el *Ormulum* o pasajes de Hoccleve constituyen buenos ejemplos. Comprendemos que la creencia en un mundo con significado establecido contribuye a ello. El escritor considera todo tan interesante por sí mismo, que no necesita infundirle atractivo alguno. El relato, por mal contado que esté, no dejará de merecer ser contado; las verdades, por mal expuestas que estén, no dejarán de merecer ser expuestas. El autor confía en que el tema hará por él casi todo lo que es tarea suya. Podemos ver cómo esa mentalidad funciona en otros dominios, además de en el literario. En el nivel intelectual más bajo, lo más fácil es que los lectores que consideran cualquier tema completamente absorbente piensen que cualquier referencia a dicho tema, sea cual sea su calidad, ha de tener por fuerza algún valor. En ese nivel vemos que las personas piadosas pueden pensar que la cita de cualquier verso de un himno, o incluso cualquier sonido producido por un armonio, constituyen un sermón edificante o una apología convincente. En el mismo nivel, personas menos piadosas, torpes payasos, parecen pensar que han logrado un efecto voluptuoso o cómico –no estoy seguro de cuál es el que persiguen– por haber escrito con tiza una sola palabra indecente en una pared. Igualmente, la presencia de un Modelo cuyo significado ya está «dado» constituye igualmente una pura y simple bendición.

Y, sin embargo, creo que también tiene alguna relación con la virtud característica de la obra medieval de calidad. Para sentir eso basta con pasar de la poesía narrativa de Chapman o Keats, por ejemplo, a los mejores trozos de Marie de France o de Gower. Lo que sorprende es la ausencia de artificio. En los ejemplos isabelinos o románticos sentimos que el poeta ha trabajado enormemente; en el medieval, al principio apenas advertimos que el autor sea un poeta. La escritura es tan cristalina y fácil, que parece como si la historia se contase sola. Podríamos pensar que cualquiera podría hacer lo mismo, aunque solo hasta el momento que lo intentásemos. Pero, en realidad, ninguna historia se cuenta sola. Hay un arte en funcionamiento. Pero es el arte de escritores que, no menos que los autores medievales de poca calidad, tienen una confianza absoluta en el valor intrínseco del tema que tratan. El relato justifica por sí mismo el hecho de que se narre; en el caso de Chapman o de Keats sentimos que valoran su cuento solo como pretexto para su tratamiento profuso y profundamente individual. La misma diferencia sentimos al pasar de la *Arcadia* de Sidney a la *Marte* de Malory, o de la descripción de una batalla en la obra de Drayton a una de la de Layamon. No pretendo sugerir una preferencia, pues ambas formas de escribir pueden ser buenas; lo único que estoy haciendo es subrayar una diferencia.

Esa actitud va acompañada del tipo de imaginación característico de la Edad Media.[13] No es una imaginación transformadora como la de Wordsworth o penetrante como la de Shakespeare. Es una imaginación aprehensiva. Macaulay observó en Dante el carácter extraordinariamente factual de las descripciones; los detalles, las comparaciones, que tienen por objeto garantizar –por grande que sea el precio que haya que pagar en cuanto a pérdida de calidad– que vemos lo mismo que él vio. Ahora bien, esa característica es típicamente medieval. Hasta llegar a los tiempos modernos más recientes, ninguna época ha superado a la Edad Media en la presentación transparante de los detalles, en el uso del «primer plano». Me refiero a detalles como la conducta del perrito en el *Book of the Duchess*, o «*So stant Custance and looketh hire aboute*» («Custance estuvo mirando detenidamente a su alrededor»); o, refiriéndose también a Custance:

---

[13] Véase también E. Auerbach, *Mimesis* (Berna, 1946), trad. de W. Trask, Princenton, 1957.

«*ever she prayeth hire child to hold his pees*» («pedía constantemente a su hijo que guardara silencio»); o, cuando Arcite y Palamon se encontraron para luchar: «*Tho chaungen gan the colour in hir fase*» («aunque iban perdiendo el color de la cara»); o el hecho de que las damas de honor no quisiesen tocar los vestidos de Griselda. Pero no es algo exclusivo de Chaucer en absoluto. Me refiero a ejemplos como el de que el joven Arturo empalidezca y enrojezca alternativamente en la obra de Layamon, o el de que Merlín se retuerza como una serpiente en su trance profético, o el de que Jonás en *Patience* entre en la boca de la ballena como «una mota por la puerta de un monasterio»; y todos los detalles prácticos y económicos e incluso la inconfundible tos de Guenever en la obra de Malory; el de que los panaderos del país de los duendes se quiten la pasta de los dedos en *Huon*; o el de que el ratón de Henryson, al sentirse impotente, corra para arriba y para abajo por la orilla del río dando «grititos lastimeros». En *Kyrul Kittok* vemos incluso al Todopoderoso «riéndose hasta desternillarse» de la vieja tabernera. En la actualidad ese tipo de vivacidad forma parte del bagaje de cualquier novelista; constituye un procedimiento de nuestra retórica que muchas veces se usa con tal exceso, que, más que revelar la acción, lo que hace es ocultarla. Pero los medievales no tenían modelos en quien imitarlo, y había de pasar mucho tiempo hasta que tuviesen muchos sucesores.[14]

---

[14] Al principio el lector puede argüir que la característica que estoy describiendo es propia de todos los buenos escritores imaginativos de cualquier época. No lo creo. En la obra de Racine nunca aparecen hechos en primer plano, nada dirigido a nuestros sentidos. Virgilio se apoya principalmente en la atmósfera, el sonido y las asociaciones. En *Paradise Lost* (como requiere su tema) el arte estriba menos en hacernos imaginar cosas concretas que en hacernos creer que hemos imaginado lo inimaginable. Si los medievales hubiesen conocido a Homero, su obra les habría sido de gran ayuda. Dos detalles de esta –el miedo del niño hacia el casco de plumas y la sonrisa llorosa de Andrómaca (*Ilíada*, VI, 466-84)– son muy semejantes a los que aparecen en las obras medievales. Pero, en general, el arte de Homero difiere del de aquellos. Las descripciones detalladas de trabajos –la botadura de un barco, la preparación de una comida– producen un efecto completamente diferente, por estar formalizadas y repetirse constantemente. No sentimos el momento concreto, sino la norma inmutable de la vida. Homero nos presenta a sus personajes casi exclusivamente mediante el procedimiento de hacer que hablen. Aun así, su lenguaje es distante a causa de las fórmulas épicas; son canciones, no parlamento. En el momento en que ha reconocido a su señor, Eurycleia le promete un informe confidencial sobre el comportamiento de los criados durante su ausencia (*Odisea*, XIX, 495-8). En ese texto ha quedado establecido para siempre el tipo de la «vieja criada de la familia». Leemos sus pensamientos, pero no oímos su voz. No como oímos la

Dos circunstancias negativas lo favorecieron: su libertad tanto con respecto a las normas pseudoclásicas del decoro como con respecto al sentido de la época. Pero la causa eficiente fue su fervorosa consideración para con el tema que tratan y la confianza que ponen en él. No intentan mejorarlo o transformarlo. Están completamente poseídos por él. Sus ojos y oídos están puestos fijamente en él, y así –quizá sin apenas darse cuenta de hasta qué punto inventan– ven y oyen cómo debió de haber sido el acontecimiento. Hemos de admitir que en algunos de sus escritos hay muchos adornos e incluso lo que podemos considerar afectación, especialmente cuando usan el latín. Pero es superficial y no necesariamente en sentido peyorativo. No por ello la actitud básica del autor deja de carecer de artificio y efectismo. Colorea y da brillo a su obra para hacer los honores a un tema que, en su opinión y de acuerdo con el consenso general de la época, los merece. Nunca hace lo que Donne, cuando compuso un poema (muy bueno) a partir de la tesis –que en la forma seca de la prosa es puro delirio– de que la muerte de Elizabeth Drury fue una catástrofe cósmica. Un poeta medieval, errónea pero comprensiblemente, lo habría considerado una bobada. Cuando Dunbar da un brillo exagerado a su poesía lo hace para celebrar la Natividad o, por lo menos, una boda real. Se pone vestiduras propias de una ceremonia porque está participando en ella. No está «presumiendo».

Cuando, en tradiciones diferentes, encontramos poesía sin calidad, pero que tiene mayores pretensiones con respecto a sí misma y a su autor, podemos decir que «calamos su falsedad». Podemos detectar los ripios a través del estuco. Pero en muchos casos las mejores obras medievales deben su gloria precisamente al hecho de que podemos ver a través de ellas; son pura transparencia.

Todavía hemos de observar otra característica curiosa. Muchos de esos «primeros planos» tan vívidos son añadidos originales a obras que, en conjunto, no lo son. Sorprende la frecuencia con que se produce ese fenómeno. Sentimos la tentación de decir que la actividad

---

vacilante repetición de Lancelot: «Y, por tanto, señora, llegué tarde a esa búsqueda» (Malory, XVIII, 2), o las respuestas monosilábicas que da Chaucer al águila (*Hous of Fame*, 111, 864, 888, 913). Verdaderamente podemos poner en duda que los méritos característicos de los cuatro poetas que he citado (Racine, Virgilio, Milton, Homero) sean siquiera compatibles con la vivacidad medieval. Un solo tipo de obra no puede tener todas las virtudes.

típica del autor medieval consistía en retocar cosas que ya existían, como Chaucer retocó a Boccaccio, y Malory narraciones francesas en prosa que, a su vez, habían retocado narraciones en versos anteriores, como Layamon rehízo la obra de Wace, el cual rehízo la de Geoffrey, quien, a su vez, rehízo quién sabe qué. No podemos por menos de preguntarnos cómo podían ser aquellos hombres tan originales, que no había predecesor que utilizasen al que no infundiesen nueva vida, y tan poco originales, que raras veces hiciesen algo absolutamente nuevo. En su caso, el predecesor suele ser más que una «fuente» en el sentido en que una narración italiana puede ser la fuente de una obra dramática de Shakespeare. Este último toma algunos puntos de la trama de la novela y abandona el resto a su merecido olvido. Con ellos construye una nueva obra cuyo fin, atmósfera y lenguaje no tienen verdaderamente nada en común con la obra original. El *Troilus* de Chaucer guarda una relación muy diferente con el *Filostrato*.

Si un artista hiciese alteraciones en un cuadro de otro que abarcasen una tercera parte aproximadamente de la tela, nos engañaríamos al intentar calcular mediante mediciones la contribución de cada pintor al efecto total. Pues el efecto producido por la masa y el color en los nuevos retoques quedaría modificado enteramente por las zonas del original que quedasen, y la masa y el color de estas últimas quedaría modificada de forma similar por los nuevos retoques. Tendríamos que calcular el resultado total en términos químicos, no aritméticos. Eso es lo que ocurre cuando Chaucer rehace a Boccaccio. Ningún verso, por muy fielmente que esté traducido, tendrá el mismo efecto que tenía en italiano, después de que Chaucer haya hecho sus añadidos. Ningún verso de éstos depende en absoluto, por lo que se refiere a su efecto, de los versos traducidos que lo preceden y siguen. El problema, tal como ahora lo vemos, no se puede atribuir a un autor individual. Mucho menos todavía lo que llamamos «la obra de Malory».

Consecuencia de ello es el hecho de que, al estudiar la literatura medieval, en muchos casos debamos abandonar la unidad «obra y autor», que es fundamental para la crítica moderna. Algunos libros –si se me permite usar una comparación que ya he utilizado en otros lugares– deben considerarse más que nada como esas catedrales en las que el trabajo de muchas épocas diferentes está mezclado y produce un efecto total, verdaderamente admirable, pero nunca previsto por ninguno de sus sucesivos constructores. Muchas generaciones, cada una con su mentalidad y estilo propios, han contribuido a la elaboración de la historia de Arturo. Constituye un error considerar a Malory como un autor en nuestro sentido moderno y colocar todas las obras anteriores en la categoría de «fuentes». Dicho autor es pura y simplemente el último constructor, que hizo unas demoliciones aquí y añadió algunos detalles allá. Unas y otras no son suficientes para que se le pueda atribuir la obra como *Vanity Fair* a *Thackeray*.

Ese tipo de trabajo habría resultado imposible a hombres que hubiesen tenido una concepción de la propiedad literaria parecida, por poco que fuera, a la nuestra. Pero habría sido igualmente imposible, si su concepción de la literatura no hubiese diferido de la nuestra en un sentido más profundo. Lejos de fingir originalidad, como haría un plagiario moderno, pueden incluso llegar a esconderla. A veces afirman que toman algo de un auctour, precisamente cuando se separan de él. No puede tratarse de una broma. ¿Qué tiene eso de divertido? ¿Y quién, salvo un erudito, podría advertirlo? Ese comportamiento se parece más al del historiador que tergiversa la documentación porque se siente seguro de que los hechos tuvieron que producirse de determinada forma. Están deseosos de convencer a los demás, quizá también a medias a sí mismos, de que no están «inventando». Pues su objetivo no es expresarse a sí mismos o «crear»; es el de transmitir el tema «historial» con dignidad, dignidad que no se debe a su genio o capacidad poética, sino al propio tema.

Dudo que hubieran entendido nuestra exigencia de originalidad o que hubiesen valorado más, por ser originales, las obras de su época que lo fueron. Si hubiésemos preguntado a Layamon o a Chaucer: «¿Por qué no componéis una historia propia absolutamente nueva?», creo que podían haber respondido (más o menos): «¿Acaso hemos caído tan bajo para eso?» ¿A quién se le ocurriría contar algo que fuese producto de su mente, cuando el mundo rebosa con tantos hechos nobles, ejemplos edificantes, tragedias lastimosas, aventuras extrañas y chistes divertidos, que nunca se han relatado todo lo dignamente que merecen? La originalidad que nosotros consideramos señal de riqueza a ellos les habría parecido confesión de pobreza. ¿A quién se le va a ocurrir crear en solitario, como Robinson Crusoe, habiendo como hay abundancia por todas partes de que disponer gratuitamente? Existen pocos artistas modernos que crean en la existencia de dicha abundancia. Ellos son los alquimistas que deben convertir el metal vulgar en oro. Lo cual constituye una diferencia fundamental.

Y lo paradójico es que precisamente esa renuncia a la originalidad es la que revela la auténtica originalidad que poseen. Cuanto más fervorosa y concentrada se vuelve la atención que presta Chaucer al *Filostrato*, o Malory al «libro francés», más reales se les aparecen las escenas y los personajes. Pronto esa realidad les obliga a ver y a oír y, por tanto, a poner por escrito, primero un poco más, y después mucho más, de lo que su libro les ha contado efectivamente. De forma que, cuantas más cosas añaden a su *auctour*, más en deuda están para con él. Si se hubiesen sentido menos arrebatados por lo que leían, lo habrían reproducido con mayor fidelidad. A nosotros nos parecería «descarado», una libertad imperdonable, a medias traducir y a medias volver a escribir la obra de otra persona. Pero Chaucer y Malory ni pensaban en los derechos de su *auctour*. Solo se ocupaban –en eso estribaba precisamente el éxito del *auctour*, que los impelía a ello– de Troilo y de Lancelot.

Como ya hemos visto,[15] no parece que advirtiesen que tanto las cosas que su *auctour* escribía como las que ellos le añadían eran imaginarias. Los historiadores, desde Herodoto hasta Milton, hacían responsables de la veracidad a sus fuentes; recíprocamente, los autores de historias troyanas hablaban como si fueran historiadores que hubieran comprobado sus afirmaciones. Ni siquiera Chaucer elogia a Homero por sus «*feyninge*» («invenciones»), pero lo censura por mentir, como partidario que era de los griegos (*Hous of Fame*, III, 1477-9), y lo coloca en la misma categoría que a Josefo (1430-81). Supongo que Chaucer y Layamon, por ejemplo, no tuvieron exactamente la misma actitud hacia el material que trataban. Pero dudo que ninguno de los dos se sintiese, como el novelista moderno, «creativo» o pensara que su fuente lo había sido. Y creo que la mayoría[16] de los lectores, tanto entonces como ahora, apenas podían concebir la actividad inventiva. Se dice que la gente señalaba a Dante por la calle, no como el autor de la Comedia, sino como el hombre que había estado en el Infierno. Incluso hay quienes creen (entre ellos

---

[15] Véase más arriba, pp. 156-158.

[16] Una excepción importante es el Rey que consideraba *lygisogur skemtilagastar* (las sagas mentirosas, las más divertidas de todas) [véase *Sturlunga Saga*, ed. de O. Brown, 1952, p. 19].

algunos críticos) que toda novela e incluso todo poema lírico son autobiográficos. Una persona que carece de inventiva no la atribuye fácilmente a los demás. Quizás en la Edad Media quienes la tenían no la atribuían fácilmente a sí mismos.

El hecho más sorprendente de *Hous of Fame* es que los poetas (junto con un historiador) están presentes, no porque sean famosos, sino para apoyar la fama de sus temas. En dicha *Hous*, Josefo «*bar upon his shuldres hye*» («llevaba en alto sobre sus hombros») la fama del pueblo judío (III, 1 435-6); Homero, junto con muchos colegas como Dares y Guido, la de Troya (1 455-80). En realidad, los medievales sabían perfectamente (sobre todo Dante)[17] que los poetas no solo daban fama, sino que también la ganaban. Pero en última instancia la que importaba era la que daban: la fama de Eneas, no la de Virgilio. El hecho de que hoy se recuerde al rey Eduardo exclusivamente porque sirvió de motivo para Lycidas quizá les habría parecido a ellos una extraña inversión. Si Milton hubiese sido un poeta afortunado, de acuerdo con sus cánones, ahora lo recordaríamos por «cargar con» la fama del rey Eduardo.

Cuando Pope volvió a escribir la *Hous of Fame* en su *Temple of Fame* alteró tranquilamente ese pasaje. Los poetas figuran en su templo porque han ganado fama. Entre la época de Chaucer y la suya las artes habían tomado conciencia de lo que ahora consideramos su posición auténtica. Desde su época han ido volviéndose todavía más conscientes de ello. Casi barruntamos el día en que puede que no tengan conciencia de mucho más.

De ahí que, con las debidas precauciones, debamos considerar cierta humildad como la característica más general del arte medieval. Del arte, no de los artistas. Un cocinero, un dentista, un erudito pueden estar orgullosos de su profesión, pero reconocen que esta es un medio para un fin que la supera, y la posición de la profesión depende enteramente de la dignidad o necesidad de dicho fin. Creo que así ocurría entonces con todas las artes. La literatura existe para enseñar lo útil, para hacer los honores a lo que los merezca, para apreciar lo exquisito. Las cosas útiles, honorables y exquisitas son superiores a la literatura: esta debe su razón de ser a aquellas; su propio uso, honor o exquisitez proceden de ellas. En ese sentido el arte es humilde,

---

[17] *De Vulgari Eloquentia*, I, xvii; *Purgatorio*, XXI, 85.

aun cuando los artistas sean orgullosos; orgullosos de su pericia para cultivar el arte, pero sin las atribuciones que reclamaban para el arte los artistas del Renacimiento avanzado y del Romanticismo. Puede ser que no todos hubiesen aceptado la afirmación de que la poesía es *infima inter omnes doctrinas.*[18] Pero esta no provocó el huracán de protestas que provocaría hoy.

En ese cambio algo se ha ganado y algo se ha perdido. Lo considero parte del gran proceso de interiorización[19] por el que *genius,* de ser un demonio servidor, ha pasado a ser una propiedad de la mente. Constantemente, siglo tras siglo, elemento tras elemento va siendo trasladado del lado del objeto al del sujeto. Y ahora, algunas formas extremas de conductivismo descartan el propio sujeto por considerarlo meramente subjetivo; solo pensamos que pensamos. Después de haberse tragado todo lo demás, el sujeto acaba tragándose a sí mismo. Y adónde vayamos «desde ahí» es una pregunta tenebrosa.

---

[18] Santo Tomás de Aquino 1.ª, I, Art. 9.
[19] Véase más arriba, pp. 43-44.

Epílogo

The best in this kind are but shadows.[1]
SHAKESPEARE

No he hecho ningún intento serio de ocultar que el antiguo Modelo me complace como creo que complacía a nuestros antepasados. Pocas construcciones de la imaginación me parecen haber combinado esplendor, sobriedad y coherencia en tal alto grado. Es posible que algunos lectores hayan estado sintiendo la necesidad imperiosa de recordarme que tenía un defecto grave. No era verdadero.

Estoy de acuerdo. No era verdadero. Pero me gustaría acabar diciendo que esa acusación ya no puede tener exactamente el mismo peso que habría tenido en el siglo XIX. En dicho siglo, los hombres afirmaban –y siguen afirmando hoy– disponer de mayores conocimientos sobre el universo real que los medievales; y confiaban –y siguen confiando– en descubrir en el futuro otras verdades sobre él. Pero el significado de las palabras «conocimiento» y «verdad» en este contexto han empezado a experimentar cierto cambio.

El siglo XIX seguía creyendo que, mediante inferencias a partir de la experiencia sensorial (mejorada con instrumentos), los hombres podían «conocer» la realidad física esencial, de forma más o menos parecida a como, mediante mapas, fotografías y libros de viajes, puede un hombre «conocer» un país que no haya visitado; y que en ambos casos la «verdad» sería una especie de reproducción mental del objeto estudiado. Los filósofos podían hacer comentarios inquietantes con respecto a dicha concepción, pero los científicos y los hombres medios no les prestaron demasiada atención.

---

[1] «Los mejores de esa clase no son sino sombras.»

Ya entonces el idioma que muchos de los científicos utilizaban era el de las matemáticas. Pero no creo que nadie dudase de que había una realidad concreta a la que las matemáticas se aplicaban perfectamente; una realidad que se podía distinguir de las matemáticas como una pila de manzanas se distingue de la operación de contarlas. Desde luego, se sabía que en ciertos aspectos no se la podía imaginar, que tanto las cantidades y distancias demasiado grandes como las demasiado pequeñas no se podían concebir. Pero, aparte de eso, tenían confianza en que la imaginación y comprensión ordinarias podrían entenderla. Con lo cual las matemáticas iban a proporcionar un conocimiento que no sería puramente matemático. La humanidad estaba en una posición semejante a la de quien adquiere conocimientos sobre un país extranjero sin visitarlo. Aprende lo referente a las montañas estudiando detenidamente las líneas que indican los contornos. Pero su conocimiento no es un conocimiento de líneas de contornos. El auténtico conocimiento lo habrá adquirido, cuando estas últimas le permitan decir: «Esa sería una subida fácil», «Ese es un precipicio peligroso», «A no sería visible desde B», «Esos bosques y corrientes han de formar un valle placentero». Al pasar de las líneas de contornos a esas conclusiones estará (en caso de que sepa leer un mapa) acercándose más a la realidad.

Otra cosa muy distinta sería si alguien le dijese (y él lo creyera): «Pero, son precisamente las líneas de contornos en sí mismas las que constituyen la realidad más completa que puedes llegar a conocer. Al pasar de ellas a esas otras afirmaciones, en lugar de aproximarte más a la realidad, lo que haces es alejarte de ella. Todas esas ideas referentes a las rocas, desniveles y «vistas reales» son simplemente una metáfora o una parábola; un *pis aller*, permisible como concesión a las limitaciones de quienes no pueden entender las líneas de contornos, pero engañoso si se toma al pie de la letra.»

Y, si no me equivoco, eso es precisamente lo que ha ocurrido en relación con las ciencias físicas. Ahora las matemáticas representan lo más cerca que podemos llegar a estar de la realidad. Cualquier cosa imaginable, incluso cualquier cosa que se pueda manipular mediante concepciones ordinarias (es decir, no matemáticas) es una mera analogía, una concesión a nuestras limitaciones. Sin parábolas la física moderna no dice nada a las multitudes. Aun entre ellos, cuando intentan formular en palabras sus descubrimientos, los científicos empiezan a hablar de construir «modelos». De ellos he tomado la palabra. Pero esos «modelos» no son, como en el caso de los modelos de barcos, reproducciones en pequeña escala de la realidad. En algunos casos ilustran tal o cual aspecto de ella mediante una analogía. En otros, no ilustran, sino que sugieren, como las afirmaciones de los místicos. Una expresión como «la curvatura del espacio» es estrictamente comparable a la antigua definición de Dios como «un círculo cuyo centro está en todas partes y su circunferencia en ninguna». Ambas consiguen sugerir; cada una de ellas lo hace presentando algo que, al nivel de nuestro pensamiento ordinario, es absurdo. Al aceptar la «curvatura del espacio», no «conocemos» o disfrutamos «la verdad» en la forma en que en un tiempo se consideró posible.

Por tanto, sería sutilmente engañoso decir: «los medievales pensaban que el universo era de esa manera, pero nosotros sabemos que es de esta otra». Parte de lo que ahora sabemos es que no podemos «saber [de acuerdo con el antiguo sentido de esta palabra] cómo es el universo» y que ningún modelo que podamos construir nos permitirá saber, de acuerdo una vez más con dicho sentido antiguo, cómo es.

Además, esa afirmación sugeriría que el antiguo Modelo cedió bajo la presión de fenómenos recién descubiertos, de igual forma que la original teoría de un detective sobre un crimen tendría que rendirse ante el descubrimiento de que su primer sospechoso tuviera un alibí irrebatible. Y así ocurrió innegablemente con respecto a muchos detalles particulares del antiguo Modelo, como ocurre diariamente con hipótesis particulares en un laboratorio moderno. La exploración refutó la creencia de que los trópicos eran demasiado calurosos como para ser habitables; la primera nova refutó la creencia de que el mundo translunar era inmutable. Pero el cambio de Modelo en conjunto no era un asunto tan sencillo.

Las diferencias más espectaculares entre el Modelo medieval y el nuestro se refieren a la astronomía y a la biología. En ambos campos el nuevo Modelo se apoya en una gran abundancia de datos empíricos. Pero tergiversaríamos el proceso histórico, si dijéramos que la única causa de la alteración fue la irrupción de nuevos hechos.

El telescopio no «refutó», en sentido estricto alguno, la antigua astronomía. Si queremos, podemos acomodar a un esquema geocéntrico hechos como el de que la superficie de la Luna esté cubierta de cráteres o el de que Júpiter tenga satélites. Incluso las enormes,

y enormemente diferentes, distancias de las estrellas se pueden acomodar, si estamos dispuestos a atribuir a su «esfera», el *stellatum*, un
espesor enorme. Para poder mantener el antiguo esquema a la altura de las observaciones, se le habían aplicado muchos remiendos,
«con las palabras *céntrico* y *excéntrico* garrapateadas encima». No sé
hasta qué punto habría podido mantenerse a dicha altura mediante infinitos remiendos incluso hasta hoy. Pero, la mente humana no
seguirá soportando complicaciones cada vez mayores, después de
haber visto que determinada concepción más simple puede «salvar
las apariencias». Ni los prejuicios teológicos ni los intereses creados
pueden mantener la vigencia de un Modelo cuyo carácter profundamente antieconómico resulte evidente. La nueva astronomía triunfó,
no porque la causa de la antigua estuviese perdida sin esperanza, sino
porque la nueva era una herramienta mejor; una vez comprendido
eso, el innato convencimiento de los hombres de que la propia naturaleza es providente hizo el resto. Cuando nuestro Modelo resulte
abandonado, a su vez, esa convicción seguirá viva sin duda alguna.
Una pregunta interesante es la de qué modelos construiríamos, o si
podríamos construir modelo alguno, en el caso de que una gran alteración en la psicología humana acabase con dicha convicción.

Pero el cambio de modelos no afectó solamente a la astronomía.
Supuso también, en el terreno de la biología, el paso –que hay razones de peso para considerar más importante– de un esquema involu-
tivo a otro evolutivo; de una cosmología en que era axiomático que
«todas las cosas perfectas preceden a las imperfectas»[2] a otra en que
lo axiomático es que «el punto de partida (*Entwicklungsgrund*) siempre es inferior al resultado del desarrollo» (la intensidad del cambio
puede calibrarse por el hecho de que ahora, en la mayoría de los
contextos, primitivo sea un término peyorativo).

No hay duda de que aquella revolución fue consecuencia del descubrimiento de hechos nuevos. Cuando yo era un muchacho creía que
«Darwin descubrió la evolución» y que el evolucionismo mucho más
general, radical e incluso cósmico que hasta hace poco ha dominado
el pensamiento popular era una superestructura levantada sobre el
teorema biológico. Esa opinión ha quedado suficientemente impug-

---

[2] Véase más arriba, p. 78.

nada.[3] La afirmación que acabo de citar referente al *Entwiklungsgrund* la hizo Schelling en 1812. En su obra, en la de Keats, en la tetralogía de Wagner, en las obras de Goethe y de Herder, el cambio al nuevo punto de vista ya se ha producido. Su desarrollo puede rastrearse en las obras de Leibniz, Akenside, Kant, Maupertuis, Diderot. Ya en 1786 Robinet creía en un «principio activo» que vence a la materia bruta, y la *progression n'est pas finie*. Para él, como para Bergson o para Chardin, las «puertas del futuro están abiertas de par en par». En primer lugar se desarrolla la exigencia de un mundo en evolución –exigencia que evidentemente está en consonancia con el talante revolucionario y con el romántico–; cuando aquella se ha desarrollado completamente, el científico pone manos a la obra y descubre la prueba documental en que se apoyará en adelante nuestra creencia en esa clase de universo. No hay motivo alguno en este caso para hablar de que el antiguo Modelo estalló en pedazos con la irrupción de los nuevos fenómenos. La verdad parece ser lo contrario: que, cuando los cambios de la mente humana producen suficiente desagrado por el antiguo Modelo y suficiente anhelo de otro nuevo, los fenómenos que hayan de apoyar al nuevo aparecerán oportunamente. No quiero decir en absoluto que esos nuevos fenómenos sean ilusorios. La naturaleza dispone de toda clase de fenómenos almacenados y puede satisfacer muchos gustos diferentes.

En la actualidad se está produciendo en nuestro Modelo un cambio astronómico interesante. Si hubiéramos preguntado a un astrónomo por la «vida en otros mundos», hace cuarenta años, lo más probable habría sido que se hubiese mostrado totalmente escéptico con respecto a ello o incluso que hubiera insistido en su improbabilidad. Ahora nos dicen que en un universo tan vasto, fenómenos como el de las estrellas que tienen planetas y el de los planetas que tienen habitantes deben producirse en innumerables ocasiones. Y, sin embargo, no tenemos a mano pruebas irrebatibles. Pero, ¿carece de importancia el hecho de que en el período de transición entre la antigua opinión y la nueva se hayan producido la proliferación de la «ciencia-ficción» y los primeros viajes espaciales en la vida real?

Confío en que nadie pensará que estoy recomendando un regreso al Modelo medieval. Solo estoy sugiriendo consideraciones que

---

[3] Véase Lovejoy, *op. cit.*, cap. ix.

pueden inducirnos a apreciar todos los modelos de forma adecuada: respetándolos todos y sin idolatrar ninguno. Todos estamos familiarizados, no sin razón, con la idea de que en todas las épocas la mente humana se ve profundamente influenciada por el Modelo aceptado del universo. Pero existe un intercambio en las dos direcciones; el Modelo también recibe la influencia de la mentalidad predominante. Hemos de reconocer que lo que se ha llamado «gusto por los universos» es no solo perdonable, sino también inevitable. Ya no podemos despachar el cambio de modelos como un simple progreso del error a la verdad. Ningún modelo es un catálogo de realidades esenciales ni tampoco mera fantasía. Todos son intentos serios de abarcar todos los fenómenos conocidos en una época determinada y todos consiguen abarcar gran cantidad de ellos. Pero también, no menos seguro es que todos reflejan la psicología predominante de una época casi tanto como el estado de sus conocimientos. Prácticamente ninguna andanada de hechos nuevos habría podido convencer a un griego de que el universo tenía un atributo tan repugnante para él como el de la inmensidad; es prácticamente imposible que andanada alguna pueda persuadir a un moderno de que es jerárquico.

No es imposible que nuestro Modelo muera de muerte violenta, destrozado despiadamente por un asalto no provocado de hechos nuevos: no provocado como la nova de 1572. Pero creo más probable que cambie, cuando, y porque, transformaciones de enorme alcance en la mentalidad de nuestros descendientes lo exijan. El nuevo Modelo no se establecerá sin pruebas palpables, pero estas surgirán cuando la necesidad interna de él llegue a ser suficientemente grande. Se tratará de auténticas pruebas. Pero la naturaleza nos ofrece la mayoría de sus pruebas como respuesta a fas preguntas que le formulamos. En este caso, como en el de los tribunales, el carácter de las pruebas depende de la forma del interrogatorio, y un buen interrogador puede hacer maravillas. Es cierto que no conseguirá sonsacar falsedades a un testigo honrado. Pero, en relación con la verdad total, la estructura del interrogatorio es como la chapa de estarcir. Determina el porcentaje de la verdad que aparecerá y el modelo que sugerirá.

Índice de materias

ESTE LIBRO SE ACABÓ DE IMPRIMIR
EL 8 DE MARZO DE 2022
EN BARCELONA.